働く人のための
教養会計
新しい会計学入門
Accounting & Finance

田端哲夫〔著〕
TABATA TETSUO

税務経理協会

プロローグ

　ある名古屋の小学校で「租税教室」(1)を行った。税金の仕組みについての話に，目をキラキラと輝かせながら聴き入る小学生の姿が未だに脳裏に残っている。教室でパソコンのセッティングをしている時から，児童の2，3人が自発的に手伝ってくれ，こちらのやる気が湧いてくる。

　「税金って，どのような税金を知っていますか？」と尋ねると，ある児童から「相続税！」と返事が返ってきた。これには驚いた！

　このような質問から始めると「消費税」という答えが返ってくることを想定して，マグネット付の5円玉を準備し税金の仕組みについての話に入るきっかけを用意していたのだが，急きょ変更した。児童たちは，こちらの驚きを察するなり，いろいろな質問を投げかけてくれた。

　小学生が税金のことを通して，実際の社会の仕組みについて知ってみたいという意欲的な態度に対しては，相当な社会的学力を望んでいるようにみえた。この授業が終わった後，一人の児童が私のところへ来て「税理士さんになるためには，算数を勉強したらなれますか？」と聞いてきた。その質問の中に，学校での知識が社会で仕事をすることに役立つのだ，というつながりを感じてくれたことに気づかされた。

　この国税庁の「租税教室」のような社会的活動は，金融経済教育として金融庁などの支援の下に全国銀行協会も行っている。文部科学省は，キャリア教育と並んで，小学校から高等学校までの初等教育に「租税教室」や「金融経済教育」を充実させる取組みを始めている。

　これらの「租税教室」の税金のことや「金融経済教育」のファイナンスを通して，初等教育の中で社会の「仕組み」を知り，社会的学力を向上させる取組みを行うことこそキャリア教育であると考える。経済産業省が推し進める「社

---

(1) 租税教室は，租税教育推進関係省庁等協議会が取り決め，国税庁が推進している。国税庁草創期の昭和25年1月に高校生向けの租税教育を始めている。現在では，小，中，高校の学習指導要領等に租税に関する記述が登載されるようになった。

会人基礎力」の中にも入れるべきものであろう。

「アメリカでは，幼稚園児から高校生までを対象に経済リテラシーを高めることを目的にした非営利組織ＣＥＥ（Council for Economic Education：アメリカ経済教育協議会）が中心となって，経済教育を行っています。」[2]ということが『アメリカの高校生が読んでいる会計の教科書』には記述されている。この本は，「会計の世界をパーソナル・ファイナンス（お金の教育）の視点から講義したい……」として，パーソナル・ファイナンスの対象とする個人や家族の「家計」から資金の収入や支出の動きを管理する視点が述べられ，「ライフプラン」という人生を資金面からフォローする財産管理について述べられている。

しかし，日本では昔からお金の話を人前ですることは品性に欠けるというような文化的土壌がある。そのために，アメリカのようなファイナンス教育や投資教育というと「金儲けのための教育」と解釈される傾向がある。ただ，このような解釈は間違っているのではない。元々，学校は人類が蓄積してきた知的財産を継承する場であり，生徒たちが社会に出てお金を稼ぐためのノウハウを教えるのが本来の役割ではない，という意味を含んでいる。学校教育は，社会生活を送る上での「素養」を身につける場であり，その時代に欠かせない共通の知識ベースを得る期間として捉えれば，社会に出てすぐに役立つ知識を教えるべきだといっているのではない。事物を客観的に捉えることの「素養」として，会計リテラシーを学ぶことが必要なのだ。パーソナル・ファイナンスの資金プランは，個人のキャリアデザイン教育の中で，会計リテラシーとして，財産管理のために必要なリスク管理や社会とのつながりの中での正しい判断力を養成するためであり，個人の自立及び自律するためのキャリアデザイン教育として位置づけることを訴えている。

---

(2) 山岡道男・浅野忠克著『アメリカの高校生が読んでいる会計の教科書』株式会社アスペクト，2009年，20頁

プロローグ

　本書「働く人のための教養会計」は，キャリア教育の一環として取り扱われるようになることを願って，のちには初等教育の中に教養会計としてお金についての家計や組織としての家族や会社の仕組みを知るための会計として位置づけることの重要性を訴えるものである。この位置づけは，会計の専門職としてキャリアをつくった公認会計士や税理士などの会計職のプロフェッショナルを想定したものとは違った捉え方である。あくまでも，会計の専門家として働く人のためではなく，変化する時代の流れ＜時流＞の中で社会や組織の仕組みを察知し，財務的数値を知ることで，個人のキャリアデザインの中で捉え直せる「素養」を身につけようとするものである。

　また，教養会計は，財務諸表を「作る人」のためではなく，「使う人」のために構築するものである。組織を通して経済活動の見える化を果たす財務諸表は，企業を写す鏡として存在している。店舗や会社で仕事をしている人，国や市を運営している官僚や役人，他社の状況を知りたいと思っている中間管理職，投資家や金融機関にいるアナリスト等の職に就いている人々は，会計の知識を必要としている。教養会計は，複式簿記という計算処理技術の枠にとどまらず，社会の仕組みや会社を知るための社会的学力の向上のためのキャリア能力養成科目として，大学での共通科目として位置づけられるものであると捉え直すのである。

　教養会計教育は，キャリアデザイン教育そのものである。会計リテラシーは，人生の節目（キャリア・トランジション）である進学や就職，結婚，転職，起業，介護，定年などの人生における大きな意思決定の前に学んでおくことが望ましい。そのために，キャリアデザイン教育として初等教育の段階から会計リテラシーを身につける必要がある。

　しかし，現状の会計教育は大学での学問であり，商業高校での内容になっている。特に，日本の大学の会計学のカリキュラムは，会計の専門家を養成するために構成されている。専門家養成は，財務諸表を「作る人」の立場から構成されており，それが制度化した会計になっているのである。そのために，専門家養成の基礎は，簿記原理として貸借対照表と損益計算書の作り方から始まっ

ている。しかし，受講している学生にとっては，それぞれの専門の基礎科目として会計学を学び，財務諸表を「使う人」の立場から聞いている者が大半である。

　教養会計という捉え方は，従来からあった財務会計・管理会計という専門の基礎としての分類からではなく，実務的な目線で総合的に会計を捉え直そうとするものである。もうひとつは，会計を計算処理技術からのアプローチから脱却し，思想的な側面からのアプローチすることにより，社会とのつながりの関係においてのアカウンタビリティ（会計責任）という会計観から述べる。

　企業が行っているビジネス活動は，「ビジネスの言語（language of business）」である会計を使ってコミュニケーションがとられている。人と人とのコミュニケーションの手段が言語の役割であるならば，企業を知る上で最も有用な情報が「ビジネスの言語」である会計なのだ。このビジネスの共通言語を学ぶのが教養会計である。会計が「ビジネスの言語」であるということは，社会科学としての会計の本質的なことである。

　社会科学としての会計学を思考することは，マックス・ウェーバーの『職業としての学問』[3]で述べられている。学問としての社会科学は，職業的レリバンスを兼ね備えたものである。これは，縦型の専門性に細分化している学問と職業として実務的な状況でつながっている横型の学問とのレリバンスにある。しかし，現在の日本の教育システムについては，職業と教育を重ね合わせることのレリバンスが不足している。学校教育の職業的レリバンスの不足とは，学校で学んだ教育内容が就職後の職業生活にほとんど役に立っていないと認識されていることである。それゆえに，文部科学省が，学校教育にキャリア教育を導入したと考えている。

　では，キャリア教育としての教養会計を位置づけるには，伝統的会計学をスペシャリストの縦型の専門性の内容として位置づけ，キャリア教育を実務的に機能できる能力として横型のジェネラリストとしての内容として位置づけるこ

---

(3)　マックス・ウェーバー著　尾高邦雄訳『職業としての学問』岩波文庫，1936年

とができる。このような見方は，伝統的会計学の領域が情報システムとして変貌していく中で会計情報学として拡大し，行動科学からの側面からも行動会計学として拡大している。そこで，縦型専門科目としての伝統的会計学と横断型科目のキャリア教育とを重ね合わせることにより新しい教養会計を模索してみたい。

　会計学をキャリア教育のレリバンスとして掘り下げるひとつは，ビジネスを行う人々にとって営利企業である株式会社や非営利企業であるＮＰＯなどのことを一般教養として会計から財務諸表などを通して知ることのできる教養会計として探究することである。もう一つは，縦型専門科目としての会計学として専門家養成としての職業指導となる専門家キャリア教育としての探求である。この専門家教育としての職業指導は，総合分野としての会計学のレリバンスをビジネスの実践を通じて重ね合わせることで会計として新しい展開を試みることである。

【縦型の知（会計）と横型の知（キャリア教育）の総合】

横型（ジェネラリストとしての会計）の知	縦　型（スペシャリストとしての会計学）の知				
	キャリア教育		**教 養 会 計**		
	情報システム		**情 報 会 計**		
	行 動 科 学		**行 動 会 計**		
		ファイナンス	財務会計	管理会計	経営情報学

伝統的会計学の知識は細分化しすぎていて，仕事の現場で直接役立つことを学んでいるわけではない。さらに，職場で必要とされる知識が急速に変化していることもある。企業は，さまざまな知識を結合させつつ進歩しているので，大学で習った会計知識がそのまま何年も通用することはない。もちろん，公認会計士や税理士，企業での財務・経理課に配属された人は，大学で受けた会計学が直接的に大きな意味を持ったかもしれない。

　しかし，職業としての専門家を養成する場合でも，実務的な内容になると横断的な知が必要となり，総合的な分野として認識しなくてはならない。例えば，公認会計士の試験科目を見ても，論文式試験は必須科目と選択科目に別れており，監査論，租税法，会計学，企業法が必須科目で，選択科目は，経営学，経済学，民法，統計学の４科目ある。これらは，経営学部の細分化された科目が横断的に試験科目として配置されている。公認会計士や税理士の国家試験科目は，横断的に縦型専門科目が配置されているのである。

　日本における会計専門家養成は，公認会計士や税理士等の「プロフェッショナル」な専門家を目指すものである。日本の会計専門家教育は，プロフェッショナル養成の縦型専門科目を寄せ集めて学習することであると認識されている。現在のアカウンティング・スクールである専門職大学院もこの認識の上にある。しかし，このプロフェッショナル養成の専門教育と，ジェネラリストとしての総合科学としての知である会計の取り扱う範囲は違っている。そして，プロフェッショナル教育では，パブリックミッション（公共的使命）がなくてはならない。キャリア教育的な専門教育とは，社会に貢献し，前進し得る公共的な問題解決ができるミッションを背負う人材を育てることである。ただし，現在の会計のプロフェッショナル教育として公認会計士や税理士試験などを見ると，パブリックミッションを担えるような教育体系にはなっていない。現在の試験制度はかなり知識主義に陥ってしまっている。会計の縦型専門科目としての専門家教育は大学院レベルで養成されるべき職業教育であり，キャリア教育としての専門職なのである。

　会計学にとってのキャリア教育的問題は，グローバル化が進むことにより，

取得原価主義を守ってきた伝統的会計学が，時価主義を取り入れたＩＦＲＳ（国際財務報告基準）に取って代わられようとしている。また，今までに会計学を学んだ人たちにとっては，貸借対照表や損益計算書は聞き慣れた言葉かもしれない。しかし，ＩＦＲＳでは，財政状態計算書や包括利益計算書と呼ばれるようになり，その内容も相当変わってくる。

このように経営を取り巻く環境も日々激変している中でパラダイムが変貌している会計学にとっても，キャリア教育の実学として捉え直さなくてはならない時期に来ている。キャリア教育としての教養会計学は，高い人間的素養を身につける（人間形成的レリバンス）とともに，自分の能力や適性にふさわしい自分らしい生き方に気づくために実践的科目として学ぶ（職業的レリバンス）必要性があり，職業的レリバンスと人間形成的レリバンスの二面性がある。

この場合の周辺科学は，「広く浅く」ではなく，専門と結びつけて認識を広げ，新しいことを受け入れることによってできる。これは，学問と学問を融合しているのではなく，学問とビジネスの実践を重ね合わせることにより新しい展開を試みていることである。このように内部統制システムの専門知を求めながら，その周辺科学としての情報とコンピュータなどの理系分野と経営学と会計学の社会科学分野を探求するという総合科学を目指している。

それは，縦型専門科目としての会計学だけではなく，ビジネス社会において一般の人々が知っていなくてはならない知識が教養会計である。会計は，経理部や会計士のための専門知識だけではない。一般社員も決算書ぐらいは読めなくてはならない。自分一人で起業をしようとしたときには，自分の確定申告ぐらいはパソコンを利用してでも，指導を受けながらでも作れなくてはならない。日本におけるサラリーマンは，源泉徴収制度があるために，その意識は薄い。これらが，キャリア教育と教養会計の職業的レリバンスである。

キャリア教育としての人間形成的レリバンスは，会計倫理の問題である。近年，企業の不祥事や会計不正の問題が注目されているが，会計倫理教育として専門分野の人々に対してだけでなく，学部レベルにおいても会計倫理の実践的キャリア教育として必要性が問われている。

CONTENTS

プロローグ

第1章 変貌する会計 − Global Standard −

1 | ガラパゴス・シンドローム ………………………………………… 1
2 | グローカル（Glocal）を生きる ……………………………………… 2
3 | グローバル・パラドックス ………………………………………… 6
4 | 日本の会計基準のグローバル化 …………………………………… 10
5 | コンバージェンスとしてのＩＦＲＳ（国際財務報告基準）……… 13
6 | アドプションとしてのＩＦＲＳ …………………………………… 17

第2章 ビジネス言語としての会計 − Business Language −

1 | アカウンタビリティ（Accountability）：会計責任 ……………… 21
　　■キャリア教育としての企業研究 ………………………………… 21
　　■科学リテラシーとしての会計 …………………………………… 25
　　■俯瞰する会計 ……………………………………………………… 29
　　■アカウンタビリティによる信頼関係の構築 …………………… 32
2 | ビジネス言語としての会計 ………………………………………… 35
　　■会計領域 …………………………………………………………… 38
3 | ＸＢＲＬ会計 ………………………………………………………… 39

第3章 会計学入門 − Elementary Accounting −

1 | 会計プロセス（Accounting Process）……………………………… 43
2 | 会計公準（Convention）…………………………………………… 44
3 | 時点を表す貸借対照表 ……………………………………………… 45
　　■資　　産 …………………………………………………………… 47
　　■負　　債 …………………………………………………………… 48
　　■資本（純資産）…………………………………………………… 48
4 | 財産法による損益計算 ……………………………………………… 50
5 | 期間を表す損益計算書 ……………………………………………… 52
6 | 損益法による損益計算 ……………………………………………… 53
7 | 貸借対照表・損益計算書の関連性 ………………………………… 54
練習問題解答 ……………………………………………………………… 58

− ix −

第4章 複式簿記 – Double-entry Bookkeeping –

1 | 取　　引 ……………………………………………………………… 63
2 | 仕　　訳 ……………………………………………………………… 64
3 | 転　　記 ……………………………………………………………… 69
　■転記の手順 …………………………………………………………… 69
4 | 試算表の原理 ………………………………………………………… 72
　■試算表の作成 ………………………………………………………… 73
5 | 精算表の役割 ………………………………………………………… 76
練習問題解答 ……………………………………………………………… 81

第5章 財務諸表 – Financial Statement –

1 | 貸借対照表 …………………………………………………………… 85
　■資　　産 ……………………………………………………………… 86
　■負　　債 ……………………………………………………………… 90
　■資本（純資産）……………………………………………………… 92
　■貸借対照表を読む …………………………………………………… 98
2 | 損益計算書 …………………………………………………………… 103
　■損益計算書原則 ……………………………………………………… 103
　■売上総利益 …………………………………………………………… 105
　■営業利益 ……………………………………………………………… 107
　■経常利益 ……………………………………………………………… 109
　■税引前当期純利益（税金調整前当期純利益）…………………… 110
　■当期純利益 …………………………………………………………… 110
　■包括利益 ……………………………………………………………… 111
　■損益計算書を読む …………………………………………………… 111
練習問題解答 ……………………………………………………………… 116

第6章 経営分析 – Business Analysis –

1 | 貸借対照表と損益計算書のつながりから読む ………………… 121
2 | 収益性：資本利益率 ………………………………………………… 124
　■総資本経常利益率（ROA）………………………………………… 126
　■自己資本利益率（ROE）…………………………………………… 127

- ■総資本当期利益率（ROA）……………………………… 127
- 3｜資本回転率 ………………………………………………… 129
  - ■棚卸資産回転率 …………………………………………… 131
- 4｜成長性 ……………………………………………………… 132
  - ■売上高伸び率 ……………………………………………… 132
  - ■営業利益伸び率 …………………………………………… 133
  - ■経常利益伸び率 …………………………………………… 133
- 5｜資本利益率を分解する …………………………………… 133
- 6｜株主資本等変動計算書 …………………………………… 138
  - ■当期純利益の計上 ………………………………………… 138
  - ■剰余金の配当 ……………………………………………… 138
  - ■新株の発行 ………………………………………………… 139
  - ■自己資本の取得と処分 …………………………………… 139
- 7｜配当性向 …………………………………………………… 140

第7章 キャッシュ・フロー計算書 – Cash flow – Statement –

- 1｜財務三表の関連性 ………………………………………… 143
- 2｜期間を表すキャッシュ・フロー計算書 ………………… 145
  - ■営業活動によるキャッシュ・フロー …………………… 147
  - ■投資活動によるキャッシュ・フロー …………………… 148
  - ■財務活動によるキャッシュ・フロー …………………… 149
- 3｜キャッシュ・フロー経営 ………………………………… 150
- 4｜キャッシュ・フロー情報にみる企業状況 ……………… 152
  - ■安定型経営 ………………………………………………… 154
  - ■形成型経営 ………………………………………………… 154
  - ■成長型経営 ………………………………………………… 155
  - ■惰性型経営 ………………………………………………… 155
  - ■出直型経営 ………………………………………………… 155
  - ■期待型（M＆A）経営 …………………………………… 156
  - ■財産取潰型経営 …………………………………………… 156
  - ■逆転型経営 ………………………………………………… 157
  - ■放漫型経営 ………………………………………………… 157
  - ■危機型経営 ………………………………………………… 157
  - ■死体型経営 ………………………………………………… 157
  - ■急死型経営 ………………………………………………… 158
- 5｜間接法によるキャッシュ・フロー計算書の作成 ……… 159

6 ｜ キャッシュ・フロー情報分析 ……………………………………………… 165
　■キャッシュ・フロー・マージン ……………………………………… 166
　■営業キャッシュ・フロー流動負債比率 ……………………………… 167
　■キャッシュ・フロー比率 ……………………………………………… 167
　■資本キャッシュ・フロー比率（キャッシュ・フロー版ROA）………… 167
　■インタレスト・カバレッジ・レシオ（ICR）………………………… 168
7 ｜ ＥＢＩＴＤＡ（Earnings Before Interest, Taxes,
　　　　Depreciation, and Amortization）………………………………… 171
練習問題解答 ………………………………………………………………… 173

第8章 連結財務諸表 − Consolidated Financial Statement −

1 ｜ 個別決算から連結決算へ ………………………………………………… 175
2 ｜ 連結財務諸表とは ………………………………………………………… 176
3 ｜ 未実現利益の相殺・消去 ………………………………………………… 178
4 ｜ 投資と資本の相殺・消去 ………………………………………………… 181
　■「少数株主持分」が出てくる場合の連結作業 ……………………… 181
　■「少数株主持分」と「連結のれん」が出てくる場合の連結作業 ……… 183
　■「少数株主損益」勘定が出てくる場合の連結作業 ………………… 185
5 ｜ 債権債務の相殺・消去 …………………………………………………… 192
　■少数株主持分への配当金の支払 ……………………………………… 194
　■持分法適用会社からの配当金 ………………………………………… 195

第9章 経営総合診断 − Management Comprehensive Diagnosis −

1 ｜ 経営分析を捉え直す ……………………………………………………… 198
　■売上エネルギーモデル ………………………………………………… 200
2 ｜ ＩＦＲＳと経営総合会計 ………………………………………………… 205
3 ｜ 現在価値（Present Value）……………………………………………… 208
4 ｜ ディスカウント・キャッシュ・フロー（DCF）法 …………………… 210
5 ｜ ＤＣＦ法と経営判断 ……………………………………………………… 214
6 ｜ ＥＶＡ（Economic Value Added）……………………………………… 218

索　引 ………………………………………………………………………… 221

第 1 章
変貌する会計
― Global Standard ―

1 ガラパゴス・シンドローム

　学生たちが，携帯電話を「ガラケー」と言っていることを耳にした。ただ，その学生の中には，「ガラケー」はガラクタ携帯と解釈している者もいたので，学生同士の雑談が盛り上がっていた。「ガラケー」の「ガラ」は「ガラパゴス化現象（もしくは Galápagos Syndrome）」というビジネス用語なのだということをゼミの始めのアイスブレイクにした。

　日本の携帯電話が，一気にスマートフォンに変わっただけで，その古さの象徴として「ガラケー」という表現となり流行語のように広まった。このガラパゴス化現象は，南米大陸から1,000キロメートル離れた赤道直下にある孤島ガラパゴス諸島の生物が，長い間外敵が侵入してこない状況が続いたために，多くの生物が淘汰されずに独自の進化を遂げ固有種となっていることに由来している。

　これと同じような現象が，日本の携帯電話市場と同じであり「ガラケー」という表現になった。この表現は，2008年のはじめに「iPhone」の登場により，今までの日本の携帯電話市場を形容する用語として登場した。確かに，日本の携帯電話会社が，世界市場では受け入れられずに海外では苦戦していた。しかし，日本の携帯電話の技術は，通信方式や端末においても独自に開発された世界最先端の技術力であり，多種多様な機能を誇り，素晴らしい進化と発展を遂げていた。

　このような現象は，携帯電話市場だけではなく，電子マネーなどの非接触ＩＣカードの技術やカーナビの技術・建設業にみる耐震技術・デジタル放送の技

術などがある。これらの技術は，日本特有の商慣習や働き方，独自の機能にこだわった結果，独自の進化をとげている。

しかし，これらの技術は，世界に通じるデファクト・スタンダード（De Facto Standard）(1)として海外には受け入れられず，日本独自の市場が進化していた。「ガラケー」の問題点は，日本の優れた技術力を誇りながら，海外には受け入れられなかったという事象にある。

ちなみに，このデファクト・スタンダードという用語も，日本ではグローバル・スタンダードという用語で使われている。グローバル・スタンダードという用語は，1980年代の日本企業の営業戦略の用語として使用され，ガラパゴス化の様相を呈し日本でのみ使用される和製英語となった。

2 グローカル（Glocal）(2)を生きる

グローバル・スタンダード（Global standard）(3)で使用しているグローバル（Global）は，「世界的な」というように世界全体にわたる地球規模で考えることを指している。グローバルは，国家間という意味でのインターナショナル（International）という「国際」という用語ではなく，ケネス・E・ボールディングが1966年に『来たるべき宇宙船地球号の経済学（The Economics of the

---

(1) デファクト・スタンダードとは「事実上の標準」を指す用語。「de facto」とはラテン語。国際機関や標準化団体による公的な標準ではなく，市場の実勢によって事実上の標準とみなされるようになった規格・製品のこと。
(2) 「グローバル」と「ローカル」を合わせた造語。普遍主義の個別化と個別主義の普遍化の両作用を伴うものとして，ローランド・ロバートソン（Robertson 1992）が提唱した。俗には「地球規模で考えながら，自分の地域で活動する」（Think globally, act locally）。
(3) 現在は，グローバル・スタンダードは，デジュール・スタンダード（De jure）とデファクト・スタンダード（De facto）という2種類に区別される。デジュール・スタンダードは，ＩＳＯ（国際標準化機構）やＩＥＣ（国際電気標準会議）などの国際機関で定められる。一方，デファクト・スタンダードは，パソコンのＯＳやＶＴＲの規格のように，実質的に世界市場で採用されている技術や制度を指す。

Coming Spaceship Earth)』というエッセイで唱えた宇宙船地球号[4]という意味に近くなる。すなわち，グローバルは，インターナショナルとは区別しなくてはならない。インターナショナル (international) は，国家 (national) の間 (inter) という意味で「国際的な」と訳される。グローバルは，ボーダーレス化した一つの地球という意味で，国境という意識をなくした「地球規模化」という訳になる。

このグローバルという用語が，グローバリゼーション (Globalization) という用語として世界的に使われ出したのは，1990年代に入ってからである。イギリスの社会学者であるローランド・ロバートソン (Roland Robertson, 1938年〜)[5]が，日本人が使用しているグローバルを英語圏の人々にも理解できるようにするために，グローバリゼーションと呼び英語圏に紹介した。

また，ローランド・ロバートソンは，このグローバリゼーションには国境を越えて世界的規模の均質化を進めるだけでなくて，その反対方向である最も小さな最末端の活動組織の力を強くするとして，日本企業でビジネス用語として使われていたグローカル化 (Glocalization) を英語圏に紹介し学術概念として定義付けた。

ジグムント・バウマン (Zygmunt Bauman 1925年11月19日〜)[6]は，グローバリゼーションの進展によりグローカル化が顕著となり，個々の生活世界における自律的な決定権が奪われることを指摘した。グローカル化は，「自律的に動け

---

[4] 宇宙船地球号は，1963年にバックミンスター・フラーが提唱した世界観である。宇宙船地球号 (Spaceship Earth) とは，地球上の資源の有限性や，資源の適切な使用について語るため，地球を閉じた宇宙船に例えて使う言葉として使用した。またケネス・E・ボールディングは経済学にこの概念を導入したのである。
[5] イギリスの社会学者。専門は，宗教社会学，グローバリゼーション論。1999年からアバディーン大学社会学部教授。阿部美哉訳『グローバリゼーション〜地球文化の社会理論〜』(東京大学出版会，1997年)。'Globalization : Social Theory and Global Culture' (Sage, 1992).
[6] ポーランド出身の社会学者。イギリス・リーズ大学およびワルシャワ大学名誉教授。『グローバリゼーション』，澤田眞治・中井愛子訳，法政大学出版局，2010年 Globalization : the Human Consequences, (Columbia University Press, 1998).

る人なのか？　自律的には動けない人なのか？」もしくは「自己決定できる人なのか？　自己決定できない人なのか？」という非対称性を生み出し世界を二分化させていく趨勢なのだといっている。すなわち，自律的に動けない人は，グローバリゼーションによって個人の生きる意味やアイデンティティを剥ぎ取られる場合があり，自己決定できない人には，ある場所や土地に縛り付けられるというローカル化現象ができると見ている。

　ところがグローバリゼーションにより移動できるだけの条件の備わった人々は，思いのままに世界を動き回ることができるようになっていくと指摘しているのである。表現は違っているが，日本のガラパゴス化現象は，ジグムント・バウマンが指摘するマイナス面の「ローカル化現象」と同じものとなっている。

　しかし，グローバリゼーションは，単に文化的侵略を押し付けているわけではない。これらのことはビジネスと文化の問題を含んではいるが，世界的に広がったグローバリゼーションが，ローカルな伝統・慣習に適合する形に変化して取り込まれて世界を動き回っているケースが多く存在している。

　世界各地で展開しているマクドナルドは，各地域に合う柔軟な経営を行っている。どの国でも販売されているメニューに加え，日本では照り焼きバーガー，韓国ではキムチバーガー，ニュージーランドではキウイバーガーといったその国に合わせた独自のメニューがある。また店内の雰囲気やサービスの仕方も各地で変えている。本来，ファーストフード店としてのマクドナルドは，注文してすぐ食べられるという回転の速さを売りとして世界中に広まったが，最近の日本の学生は，店内で勉強し，友人との談話ができるような快適な場所として受け入れられている。

　2005年，京都に本社を置く「餃子の王将」が，中国の大連に「食は万里を超える」というＣＭを行い，グローバル化を狙って海外出店した。2008年には６店舗まで拡大したが2013年には大連だけの４店舗となっている。その理由としては，中国では餃子といえば水餃子が主流の文化であるために，和風中華としての焼餃子が受け入れられていなかった。しかし，特に水餃子が主流の大連に和風の「焼きぎょうざ」としてひらがな表記にして，日本の餃子として，中国

に逆輸入をしたことになる。この海外進出は，ビジネスと文化について示唆にとんだ事例である。日本人が海外に進出する時のローカルを意識し，各国の文化に対していかに受け入れられるかという挑戦をしているように映る。

日本で食べられているあんパンやカレーなども，西洋料理やインド料理を日本風にアレンジした食べ物である。これらの事例は，世界の多くの地域ではグローバリゼーションとローカリゼーションの現象を同時に目にすることができるグローカリゼーションと見ることができる。

しかし，ガラパゴス化現象を引き起こすのは，ローカルでしか仕事ができない企業か，グローバルに仕事ができる企業なのかにある。これは，決してローカル企業かグローバル企業なのかという企業を決定論的に決めつける二律背反の考えではない。全ての企業が，グローバル企業を目指さなくてはならないのではない。日本だけのローカル市場で活動している企業が，グローバルな市場を求めた活動に進化していく企業もある。

すなわち，日本のグローバル化の問題は，日本でしか通用しない仕事のやり方（働き方）と思考方法にある。この問題は，グローバリゼーションにおける問題であって，今までの日本人の働き方を否定しているものではない。日本の国における日本人の，ガラパゴス化現象を引き起こす可能性のある働き方の特徴としては，フランスのモーリス・パンゲが指摘する「役割ナルシシズム」[7]と日本文化論などでいう内（ウチ）と外（ソト）という思考方法にある。

日本の携帯メーカーがガラパゴス化したのは，日本での独占状況に近い販売会社との「内」関係だけを意識し，その中で成果を出さなくてはならないという役割ナルシシズムにより思考したことに原因がある。日本のある携帯電話業者は，官僚主導によるＩＣＴ戦略に乗り，簡単に行える資金の「調達」という方法を選択した。この資金調達は，リスクをとらないで成果が出せるという役割を完全に果たせる方法であった。そして，海外進出というグローバルな外

---

[7] フランスの日本文化研究者モーリス・パンゲが，日本人特有の「役割自体が自己の存在の基盤となっている」状態を「役割ナルシシズム」といった。

向けの戦略ではなく，ローカルな「内」思考方法をとった。この役割意識と「内」思考方法は，その当時としては国内を激変させるだけの成果を挙げ，日本人のすべてが携帯を持つほどになった。

　しかし，時代の流れの中で海外向けに成果を出すという役割である目標と「外」思考のグローバリゼーションを入れた変革がなされなかった。言い換えれば，2000年から始まっているグローバル化という「外」の思考方法を無視したことにある。これは，国内での戦略だけでなく海外に進出したときも，海外向けの戦略を「内」思考で日本での販売方法と同じやり方で挑戦したためである。日本における携帯電話状況は，携帯の技術がガラパゴス化したのではなく，携帯電話会社の経営陣の役割ナルシシズムという働き方と「内」思考が生んだガラパゴス化現象だったといえる。

3 グローバル・パラドックス

　日本企業が，このガラパゴス化現象から脱却するためには，世界最先端の技術を持って，国内だけの「内」意識から，海外に対しての「外」への役割を担う意識に切り替えて，閉ざしてきた門戸を世界に対して開いていくグローバリゼーションが必要となる。そこには，日本人は，日本の文化を理解した上で海外との文化の差異を意識して，グローバルな共通点を模索することにある。今の日本では，世界の変化・多様化を日本の発展に結び付けるグローバリゼーションが求められている。

　すなわち，このグローバリゼーションは，グローバルとローカルを二項対立として捉えるのではなく，実はグローバル化が進むとその一方でローカルの自立性は逆に強くなるというパラドックスがある。ジョン・ネイスビッツは，このパラドックスをグローバル・パラドックス[8]と呼んだ。

---

(8)　ジョン・ネイスビッツ著　佐和隆光訳『大逆転潮流』三笠書房，1994年。

「グローバル・パラドックス」とは，1994年にジョン・ネイスビッツが提唱した。世界経済が巨大になるにつれ，それを構成する要素はますます細分化されるとともに，その細分化された個人・小さな企業・地方自治体の勢いが増して，強力になっていくという考え方である。

　グローバル化のパラドックスが示すように，これからは，ますますローカルが主体となっていく。ローカルが主体になることにより豊かさを実感できるようになる。そこでは，日本のローカルは，日本という国の枠組に対抗するだけでなく，グローバル・システムの構造転換に大きくかかわっているという認識を持たねばならない。

　明治大学の小笠原泰教授は，ローカルな「差異の認識」とグローバルの「共通の模索」という観点からグローバリゼーションを考え，「グローバルな環境に能動的に適応するためには，ローカルの差異を前提として，グローバルに共通の模索を放棄しないことが求められている。」(小笠原泰)という。まずはローカルである差異の認識が軸足となり，そこからはじめなくてはならない。そこからグローバルな共通を模索するのである。

　しかし，「ローカルな差異の認識を否定したグローバルな共通の模索は国際化多幸症の再来である。」(小笠原泰)，と表現している。この多幸症 (Euphoria)[9]という表現を使ってシンドロームであるということも注目できる。ローカルな差異の認識を否定して，もともとグローバルな共通があるとするならば，日本人がよくいう世界平和を叫んでいれば平和が訪れるような錯覚に陥る。

　また，「グローバルな共通の模索を視野に入れないローカルな差異の認識も摩擦を生むだけで復古的であるだけである。」(小笠原泰)という。グローバル

---

[9] 多幸症とは，良い事が起きた訳でもないのに，気分が普段より顕著に上り，感情ないし気分の障害により「幸せがいっぱい」になる病気である。あらゆることに楽天的で苦にせず，人格の水準低下が想定されるシンドロームである。脳で快楽や幸福感を司る神経伝達物質であるセロトニンが大量に放出されている状態で，薬物中毒になっている場合に起こる妄想癖などが主な例である。症状としては，自信過剰となり，アイデアが頭に湧いて出てくるが脈絡がなく，イライラして集中力をなくし，無謀な行動を行い，衝動等が増す。睡眠時間が短くても眠気を感じなく，多弁となる。

な共通の模索を視野に入れていないと,ただ単に,何があっても日本は立派なのだというようなナショナリズムであり,日本は和の国であって特殊なのだというような認識の仕方なのである。グローバル化に必要なことは,このバランスを取ることにある。すなわち,グローバリゼーション化の「日本人に求められているのは,…………Think local in the global context, act global with local identity（グローバルな文脈の中でローカルに考え,ローカルな軸足を持ちつつ,グローバルに活動すること）という……課題である。」(10)　この課題が,グローバル・パラドックスである。日本企業が,ガラパゴス化現象（Galápagos Syndrome）に陥らないために必要な認識が,このグローバル・パラドックスである。

　日本企業のガラパゴス化現象となる背景には,市場統合や投資の自由化,情報化の進展,規制緩和などのグローバル経済の流れを受けて,ボーダーレスな世界市場が形成されていることにある。このボーダーレスなグローバリゼーションの進展とともにあらゆる分野で「規格化」というスタンダードが進行している。この巨大な市場を円滑に機能させるためには,参加するプレーヤー相互に共通する行動や判断の基準,ルールといったものが必要となる。

　グローバル・スタンダードが形成される上で,2つの異なるプロセスがある。1つは,市場参加者にとってよりよい標準ができれば,従来の標準に取って代わることもありえるグローバル・スタンダードである。この時のグローバル・スタンダードは,デファクト・スタンダード（De Facto Standard）と呼ばれる。デファクト・スタンダードは,工業が発達するにつれて,他者の製品との適合性や交換性の必要性が高まり製品の「規格化」が進展する中で生まれてくる。

　市場での使用実績や実装を前提として,事実上のスタンダードとなる。ただし,デファクト・スタンダードは,いくつかの関連する企業が集まって標準化する状況の中で組織がつくられる場合があるが,基本的には標準化するような組織が存在しないことが多い。デファクト・スタンダードができるときに

---

(10)　小笠原泰『なんとなく,日本人』ＰＨＰ新書,2006年,P 229

は，社内規格から始まり，地域規格となり，海外貿易での取引が盛んになれば，「規格化」の要請は国際間でも高まり「国際標準」とか「国際規格」という言葉が登場する。パソコンのOSやVTRの規格のような，実質的に世界市場で採用されている技術や制度なのである。事例としては，Windows, Microsoft Office, TCP／IP, VHSなどがある。

　もう1つのグローバル・スタンダードは，国際標準化機関などによって定められたデジュール・スタンダード（De Jure Standard）がある。規格内容としては，CDオーディオやCD-ROMなどに関連するデファクト・スタンダードがデジュール・スタンダードとして追認されるのは，WTO／TBT協定（貿易の技術的障害に関する協定：Agreement on Technical Barriers to Trade：1995年1月発効）に参加することにより，各国の規格を国際規格に統一することができる。デジュール・スタンダードは，独占禁止法違反に問われる可能性が低く，グローバル・スタンダードにする際に他国との貿易障壁を減らすことができるために採用されることが多い。

　「単3の電池」や「ビデオのVHS」は，JIS（日本工業）規格で認定されているが，JISにより日本国内だけに指定されているのではなく，JISとISOで内容が統一されているので，デジュール・スタンダードとなっているのである。WTO／TBT協定の加盟国は，それぞれの国家規格（日本ではJIS等）をISO，IEC（International Electrotechnical Commission：国際電気標準会議）等の国際規格に原則として合わせることが合意されているために，JISなどはデジュール・スタンダードとなっている。デジュール・スタンダードは，ISO（国際標準化機構）規格やIEC（国際電気標準会議）規格，JIS（日本工業）規格などの国際機関で定められる。

4 日本の会計基準のグローバル化

　会計におけるＩＦＲＳ（International Financial Reporting Standards：国際財務報告書）もデジュール・スタンダードというグローバル化の範疇にはいる。

　グローバリゼーションのもと，簡単に国境を越えることができるのは資本である。投資家は，よりよい機会を求めてそれぞれの国のローカルで仕事をしている企業や海外にも進出して，いろいろな国で活動している企業に対して，その投資先を見つけるためにも海外企業の会計情報が必要となる。ある投資家が，"ある企業のことを詳しく知りたい"と考えた時に，それぞれの国ごとにローカルな異なる会計ルールでできあがった会計情報では「利益」の意味が違ってくる。それぞれのローカルな企業における意味が違った数字は，相互の比較ができなくなる。そこで，国際的に会計の統一ルールを策定する機運が盛り上がり世界共通の会計基準が必要となった。

　これまでの日本は，規制緩和や市場開放が遅れ，企業が国内で活動する限りは，政府の規制や商慣習に守られていたが，今は様々な事業領域においてグローバル・スタンダードへの対処が必要となっている。世界市場において自立した企業として，国際競争力を養っていくことが必要となった。日本企業は独自の会計基準をもって運営されてきたが，海外の投資家から「それではリスク判断ができない」ということで，国際的な基準で会計を作り直すことになった。

　これらにより，会計基準の「グローバル・スタンダード」としての位置づけが一段と高まった。会計基準の「グローバル・スタンダード」は，制度として整備しなくてはならないので，デジュール・スタンダードとして位置している。会計基準のデジュール・スタンダードとしてのＩＦＲＳは，ビジネスや制度に関する国際的な標準ルールで国際会計基準のことである。ＩＦＲＳは，日本語訳で国際会計基準とされているが，直訳すれば，国際財務報告書である。すなわち，会計というAccountingがなくなり，報告書というReportingになっている。

日本におけるグローバルな会計環境への適応は，1996年の金融ビッグバンである。当時の橋本内閣が，2001年までに我が国の金融市場をニューヨークやロンドン並みの国際金融市場として復権することを目標として，金融システム改革に取り組んだことから始まる。この時の日本版ビッグバンの原則は，フリー（市場原理が機能する自由な市場），フェアー（透明で公正な市場），グローバル（国際的で時代を先取りする市場）の3つを掲げていた。

　1999年から始まった会計ビッグバンは，2000年に日本の証券取引法の単独の財務諸表を連結財務諸表にする制度に変更した。2002年からは商法も巻き込んで連結決算での発表を求めた。そして，税法も2003年度から連結納税を選択できるようになった。日本の会計制度をグローバルな会計基準に近づけるための一連の会計基準の大きな変更であり，その中身は公正価値の導入と連結重視の決算である。

　会計ビッグバン以前からも日本の企業経営のインターナショナル化の進展による会計基準の国際的な各国との調和が計られていた。昭和42年（1967）5月に公表された「連結財務諸表に関する意見書」が出されている。

1967年（昭和42年）5月	公表	「連結財務諸表に関する意見書」

　日本における国内事情としては，1965年前後に生じたサンウェーブ工業や山陽特殊製鋼などの粉飾・倒産・違法配当事件や企業経営は多国籍企業として大規模化しクロスボーダで資金調達や投資を行っていた。投資家からの対外直接投資などにより国際市場では，国際会計の問題が台頭していた。当時の日本人の国際会計の意識は，グローバルという意識ではなくインターナショナルな国家間の調整レベル（調和化・インターナショナル化）であった。その意味では，日本の連結財務諸表に関する意見書の公表の背景には，1966年のアメリカ会計学会（American Accounting Association：AAA）の国際会計委員会が国際会計の必要性を提示していたことに影響を受けている。このころの日本は，国際的な流れよりもアメリカばかりを意識した，インターナショナルという国際化で，国際比較や外貨換算会計などの会計基準のインターナショナル化（調和化）の

時代であった。

　世界の会計におけるグローバル化の流れは，1973年6月に主要国（オーストラリア，カナダ，フランス，ドイツ，日本，メキシコ，オランダ，英国，アイルランド，米国）の職業会計士団体が参加する国際会計基準委員会（IASC：International Accounting Standards Committee）の発足から始まっている。

1973年（昭和48年）6月	IASC（国際会計基準委員会）設立
1974年（昭和49年）12月	国際会計基準公開草案第3号の「連結財務諸表および持分法（案）」を公表

　IASCが，1974年12月に国際会計基準公開草案第3号の「連結財務諸表および持分法（案）」を公表した。この時代の国際化は，IASC（国際会計基準委員会）というグローバル化を進める組織が出来ていたが，その内容はインターナショナル的な国家間の調整を行いながら進めるインターナショナル化（調和化）の時代であった。IASCが法的拘束のない状態であり，プライベート・セクターのまま存続するにはアメリカのバックアップがなければ前に進まない状況であった。

　日本における企業会計原則の中の連結財務諸表原則は，「制度化」という観点から検討を加え，1975年に「連結財務諸表の制度化に関する意見書」と「連結財務諸表原則」が公表されている。

1975年（昭和50年）6月	公表	「連結財務諸表の制度化に関する意見書」「連結財務諸表原則」
1977年（昭和52年）4月	実施	制度として導入

　日本の会計ビッグバンが始まる以前には，企業経営は多国籍企業としてのボーダレス化が進展し会計基準のインターナショナル化（調和化）が要求されるにようになった。

1987年（昭和62年）	26の基準書を公表 財務諸表の比較可能性プロジェクト開始
1988年（昭和63年）	ＩＯＳＣＯ（証券監督者国際機構）がプロジェクトへの期待を表明
1989年（平成元年）	ＥＤ32「財務諸表の比較可能性」公表
1990年（平成２年）	趣旨書「財務諸表の比較可能性」公表

　1987年にＥＤ32が公表できるようになったのは，アメリカが中心となって設立したＩＯＳＣＯ（証券監督者国際機構）がＩＡＳＣのプロジェクトに期待を表明したことにより可能となった。ＩＯＳＣＯの前身は，「米州証券監督者協会（Inter-american Association of Securities Commissions)」で，アメリカ及びカナダが，ラテン・アメリカ諸国の資本市場育成のために，これら諸国の証券監督当局や証券取引所等を指導することを目的として1974年に発足した組織であった。1983年に米州域外の国々も加盟できるように規約が改正され，1986年のパリにおける第11回年次総会で名称が現在のＩＯＳＣＯとなった。日本は，1988年11月のメルボルンにおける第13回年次総会で，当時の大蔵省（証券局）が普通会員としてＩＯＳＣＯに加盟している。

　ここまでの日本の会計基準は，ローカルな日本の会計基準とローカルなアメリカの会計基準の調整を前提としてインターナショナルな国家間の調整をする国際化のインターナショナル化（調和化）の時代であった。

5　コンバージェンスとしてのＩＦＲＳ（国際財務報告基準）

　2000年５月に国際会計基準委員会（International Accounting Standards Committee；ＩＡＳＣ）で組織改正を正式決定し，委員会は国際会計基準審議会（International Accounting Standards Board；ＩＡＳＢ）となり"世界機関"となった。その新組織への改組案を1999年12月に正式承認され基準開発が引き継がれている。正式なＩＦＲＳ（International Financial Reporting Standards）は，国際

財務報告基準として報告書というレポーティングになった。これまでは，IAS（International Accounting Standards；国際会計基準）であった。国際会計基準（IAS）は各国の会計基準（ローカル）と国際会計基準（グローバル）のパラドックスをコンバージェンス（Covergence：収斂）で統一する問題解決を試みている。

2001年（平成13年）	国際会計基準委員会（IASC）は，国際会計基準審議会（IASB）に改組され基準開発が引き継がれる。 IFRS（International Financial Reporting Standards；国際財務報告基準）およびそれらの解釈指針を公表している。また，IFRSはそれらを総称したものとしても使われている。

ローカルな日本の会計基準は，1995年11月に企業会計審議会・第一部会で始まった連結決算制度の改革論議や，1996年7月に企業会計審議会・特別部会で時価会計導入を含む金融商品全般の会計基準の見直し，企業年金の会計処理，研究開発費の会計処理も検討した。大蔵省証券局企業財務課長の私的勉強会である企業財務懇談会では，特別部会の作業をサポートとして年金会計に関する論点を整理していた。これらの動きは，日本の会計基準を国際会計基準に近づけようとする一連の行動であった。

これらの活動により1997年2月7日付けで，企業会計審議会から「連結財務諸表制度の見直しに関する意見書（公開草案）」が公表され，正式な「意見書」として1997年6月6日に公表された。この意見書により，「連結主・単独従」の転換を図る重要な改定案であった。

1997年（平成9年）2月	公表	連結財務諸表制度の見直しに関する意見書（公開草案）

この日本の会計基準の開発を2001年から担っているのは，民間団体である企業会計基準委員会（ASBJ, Accounting Standards Board of Japan）である。

ただし，ローカルな日本の会計制度は，会計基準や企業原則などの慣習法と会社法と法人税法と金融商品取引法の3法により，会計規制のトライアングル

体制と呼ばれている。会社法は，会社の株主や債権者保護の目的によりできており，法人税法は税金の遵守すべきものとして，金融商品取引法は株式発行による資金調達などに適応される法律で出来上がっている。

この3つの法律の会計処理の詳細については，原則として日本の企業会計原則（GAAP：一般に認められた会計原則，Generally Accepted Accounting Principle）に従うこととされている。企業会計にかかわる法令は，法律としては会社法，金融商品取引法，法人税法があり，その下に省令がある。会社法の計算規則は省令になっている。つまり，さまざまな経済環境に対して会計処理の規定が柔軟に対応できるシステムになった。

日本の会計処理は，この3つのトライアングルの制度のルールで縛られていた。改正前は「商法」と「証券取引法」と「法人税法」であったが，商法の第2編「会社」規定が廃止され，2006年5月に会社法が施行された。2007年に証券法取引法は「金融商品取引法」となった。

日本では，証券取引法が2000年3月期から連結情報を主とした連結決算制度としてスタートした。証券取引法は，次のようなスケジュールで日本に連結情報が提供されるようになった。

【「会計ビッグバン」スケジュール】

2000年（平成12年）3月期	連結決算主体 連結対象範囲の拡大 連結キャッシュ・フロー計算書の開示 税効果会計の導入 研究開発費の会計処理変更 販売用不動産の評価減の厳格化
2001年（平成13年）3月期	金融商品への時価評価 退職給付会計の導入
2001年（平成13年）	企業会計基準委員会（ＡＳＢＪ）設立
2002年（平成14年）3月期	持ち合い株式への時価評価の適用
2003年（平成15年）3月期	連結納税の導入
2004年（平成16年）3月期	四半期決算報告書導入
2005年（平成17年）3月期	減損会計の導入

2007年（平成19年）3月期	企業結合会計基準の導入
2007年（平成19年）8月	企業会計基準委員会（ＡＳＢＪ：2001年設立）は，国際会計基準（国際財務報告基準；ＩＦＲＳ）を作っている国際会計基準理事会（ＩＡＳＢ）との共同声明「東京合意」を発表した。2011年（平成23年）6月までに国際会計基準と日本の企業会計基準とを同じにするという合意である。
2009年（平成21年）3月期	四半期決算の導入 （Ｊ－ＳＯＸ法）内部統制ルールの策定・適用の義務づけ
2009年（平成21年）1月～	ＩＦＲＳ（国際財務報告基準）の任意適用
2015年～2018年 （平成27年～（平成30年））	強制適用（アドプション）予定

グローバルな国際会計基準の模索をし，ローカルな日本の会計基準認識をコンバージェンス（Covergence：収斂）しようとしている時期であった。

国際財務報告基準（ＩＦＲＳ）
(International Financial Reporting Standards)

特徴１　グローバル基準（Global Rule）
演繹的アプローチ……利用者の情報ニーズを満たす目的適合性のある会計情報を提供するために演繹的に会計基準を設定する。

特徴２　原則主義（プリンシプル・ベース）
細則主義（ルール・ベース）ではない。そのために，業種別の会計基準はなく，定量的，定性的に注記が多くなる。

特徴３　貸借対照表重視
資産・負債アプローチ……資本取引以外による期首と期末の資本（株主持分）の変動としてとらえられる包括利益を経営者の意図に左右されない業績指標として重視する。

日本の会計基準	ＩＦＲＳ
貸借対照表	財政状態計算書 (statement of financial position)
損益計算書	包括利益計算書 (statement of comprehensive income)
株主資本等変動計算書	持分変動計算書 (statement of changes in equity)

第1章　変貌する会計

| キャッシュ・フロー計算書 | キャッシュ・フロー計算書
(statement of cash flows) |

6　アドプションとしてのＩＦＲＳ

　日本でこのＩＦＲＳが注目を集めている主な理由は，2005年にＥＵでＩＦＲＳの強制的な適用がスタートしたことと，日本においても，2009年6月に金融庁が「2015～2016年頃に日本でもＩＦＲＳの強制適用を行うための検討を進める」と公表したことによる。ただ，東日本大震災を受けて，ＩＦＲＳの適用を2012年に強制適用の是非を判断し，2015年より適用されるスケジュールが延期となっている。

　ＥＵは，通貨統合や市場統合などで統合された市場において，統一された会計基準を適用する必要があった。ＥＵにおける強制適用を受けて，各国でもＩＦＲＳの適用が広がっている。その理由として考えられるのは，会計基準の開発には，国としての高い能力が必要とされるために，自国の基準を収斂させるよりもＩＦＲＳに乗り換える方が得策なためであろう。実際，主要国でＩＦＲＳへの乗り換えを済ませていないのは，米国と日本である。

　また，米国がＩＦＲＳへの適用の検討を始めたきっかけは，会計不正の問題（エンロン問題）があったからである。その事件をきっかけに，内部統制の法制化につながり，細則主義の米国基準が疑問視され，原則主義のＩＦＲＳの優位性が見直される契機になっている。

2005年（平成17年）	ＥＵ域内の上場企業に対するＩＦＲＳの強制適用
2008年（平成20年）11月	ＳＥＣは米国の市場における自国企業に対するＩＦＲＳ適用のロードマップを公表
2009年（平成21年）	任意適用
2011年（平成23年）	強制適用の是非を決定
2014年（平成26年）	3段階にわけて適用する方針である。

ＩＦＲＳの強制適用を受け入れた時には，能動的ではなく主体的に受け入れなくてはならない。主体的とは，自らが形成するグローバル・スタンダードにしていくことであり，各国のローカルの会計基準を否定するのではなく，各国が常にローカルに軸足を置いた状況を受け入れることである。そのためにも，日本の主導による新たなグローバル・スタンダードを目指して，標準の形成に主体的に関与していくことが最も重要なのである。

　ＩＦＲＳは，グローバル基準（Global Rule）が特徴である。しかし，アドプション後のグローバル化は，ローカルの会計基準の認識を否定したグローバル化だけのＩＦＲＳだけの模索は，軸足が常にローカルにあるということを忘れさせ，グローバル化を阻止することになる。また，グローバル化の認識を否定したローカル化は，ガラパゴス化現象を引き起こすこととなり復古的となる。

　ＩＦＲＳのグローバル化が進むと，その一方でローカルの自立性は逆に強くなるというグローバル・パラドックスとなってくる。すなわち，グローバルなＩＦＲＳの文脈（global accounting context）の中で個別財務諸表などの中小企業会計基準であるローカルな基準を考え（think local），各国の税法などの中心となるローカルを軸足（local identity）として持ちつつ，グローバルに活動（act global）することであろう。グローバル・パラドックスを考えるときには，グローバルとローカルを二項対立とは認識しないことである。これからの企業の生きる道は，グローカルに生きることなのである。

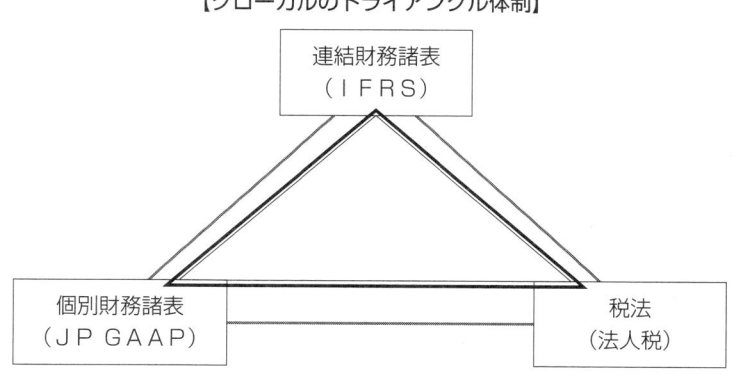

【グローカルのトライアングル体制】

― 18 ―

第1章　変貌する会計

　重要なことは，各国のローカルな税法などが，国際的な問題に取り組んでいる事柄についても模索する必要性がある。ＯＥＣＤ（経済協力開発機構）の租税委員会（ＣＦＡ：Committee on Fiscal Affairs）が進めているＯＥＣＤモデル租税条約，ＯＥＣＤ移転価格ガイドライン等の国際協調により国際的に共通の課税ルールを整備するとともに，各国の有する知見や経験の共有化を図っている状況などは，グローバル化の模索には重要な要素となる。租税委員会は，租税政策及び税務行政上の様々な課題について検討部会が組織され，各国税務当局の専門家同士による意見交換が行われており，国税庁はこうした租税委員会の活動に主体的に参加することが重要なのである。

　各国の国内法においてはタックスヘイブンの認識基準はまちまちである。ＯＥＣＤは，1998年に「有害な税の競争」報告書でタックスヘイブンの判定基準などは示しているがグローバルな統一基準はまだ確立されていない。移転価格税制問題などが，グローカルな問題の中心課題となる。

　日本の会計基準のインターナショナル化（調和化）の時には，グローバル化とローカル化といった二項対立的な発想であり，過去のトレード・オフの関係であり，異質な単位間を調整することが競争優位と考えたのである。この時代は，グローバルという表現ではなく多国籍企業と言い出していた。多国籍企業と言う場合は，企業活動をいくつかの国にまたがっていたが，それぞれの国での活動している状況から始まっている。多国籍企業は，グローバル企業の最初であったと言えるであろう。そして，コンバージェンスの時代には，ローカル化を収斂してグローバル化の形成に進めてきた。

　そして，ＩＦＲＳがアドプションした後は，世界経済が巨大化すればするほど，最端末のパーツ（部分）は強力にあるという仮説に基づいている。巨大化と最小化が共存する経営である。ゆえに，パラドックスと呼ばれる。具体的には，自律分散型ネットワーク経営である。日本では京セラのアメーバ型経営などにその原理が現れている。

　グローバル経営の特徴は，分社化，並列化，脱構築化にある。これは多国籍企業の戦略経営が競争優位の条件としていた規模の経済の追求のための内部化，

垂直化，構築化ではない。その反対に，範囲の経済あるいは連結の経済（多数のローカル企業の集合体による成長経済）を目指し，巨大化する世界経済に快速に対応するには，グローバルなネットワーク化と自立したパーツ（事業単位）の拡大とを並列的に進めるところに特徴がある。

　このようにしてグローバル経営には，強い総合力とそれに匹敵する強い分散力が働かなくてはならない。小さな本社と多くの分社化された事業単位（ビジネス・ユニット）の有機的ネットワークの構築（グローバル連結経営）が成功のカギを握る。「総合はそれに相応する分散を求める。ネットワークとは，総合と分散のグローバル・パラドックスの解決でなければならない」ということになる。このためグローバル戦略の実現に有効な管理会計の確立が不可欠になる。それは，経営過程（目的と目標－戦略－実行－評価）に即したサポートシステム支援の管理会計であり，株価や時価（市場）主義，モノ離れ会計（ブランドや人的資源などの非モノ的資源会計），連結会計，カンパニー制や分社化のキャッシュ・フロー管理会計などを特色とする。

第2章
ビジネス言語としての会計
― Business Language ―

1 アカウンタビリティ（Accountability）：会計責任

■■ キャリア教育としての企業研究

　就職活動を行っている人たちは，まずは自己分析を行い，エントリシートや履歴書の書き方を学び，就職先に対しての自己ＰＲに苦心しながらも自分発見への旅が始まる。そして，その旅立ちと同時に，旅先の調査も始まる。最近は，旅先の業界や企業の調べ物は Web や雑誌などを通じて，業界分析や企業研究を行うことになる。

　しかし，業界分析や企業研究するためには，ビジネスについての基礎知識が必要となる。就職活動のための企業研究では，企業の経営資源としての「ヒト」と「モノ」からのアプローチを行った情報は多く見受けられるが，「カネ」に関連したビジネスデータからのアプローチが少ない。その理由は，現在の日本の小中高の教育システムの中に教養としての「カネ」に関連する内容が希薄になっていることに問題がある。大学などでは，キャリア教育を必須科目としているが，ビジネスデータである会計情報などの財務データを読みこなす基礎知識としての内容が乏しいのである。

　ビジネスに関しての基礎教育は，就職活動を始めるようになってから始まっている。高校や大学では，就職の進路相談に行ったときに意識されるが，それは，就職先のことだけである。例えば，進路相談で，「起業したい！」という相談には何の対応もできないのが実情であろう。しかし，就職活動をする学生にとっては，いまの社会が「カネ」がベースでまわっているというビジネスの

背後にある論理を理解していることが重要なのである。ビジネス論理としては，利益がどのように出てくるのかは，重要なファクターなのである。就職をする場合でも，お金のために働くと考えるだけなのか，お金を働かせる仕事をしようと考えるかでビジネスに対する考え方も就職先を選ぶ判断基準も変わってくるであろう。

　就活生が，企業研究を行う際には企業のＰＲ（Public Relations）のための企業パンフレットやWebサイトに「モノ」情報と「ヒト」情報が記載されている。最近では，「業界地図」という雑誌なども出版され，日本の業界の主要な企業の位置づけなどが解説されている。それらの解説には，各企業の売上規模やシェア，提携関係などが記載されている。投資家などは，企業を知るためには，「会社四季報（東洋経済新報社）」や「会社情報（日本経済新聞社）」を活用している。ビジネス基礎を学ぶためにも，このような「業界地図」や「会社四季報」を読みこなすことが必要となる。

　「カネ情報」としては，WebサイトにＩＲ情報（Investor Relations；投資家情報）がある。企業の投資家に対する経営状況や財務状況，業績動向に関する情報が掲載されている。このＩＲ情報は，企業の「決算短信」や「アニュアルレポート」，「有価証券報告書」などが記載されている。一番簡単な決算書は，「決算公告」である。この「決算公告」や「決算短信」の中にある決算書（財務諸表）を読めるようになると，その会社の経営成績や財政状態などの状況を把握することができる。その会社の同業他社などを数社調べれば，その業界についてはかなり理解できる。数社の企業研究と経済の流れを学習することにより業界研究に発展し，業界課題などもビジネスデータを基に認識できるようになる。

　各企業は，必ず自社のことを解ってもらうために，自社の財政状態や経営成績を報告しなくてはならない。これは大企業だけではなく，中小企業も同じである。零細な企業であっても，税務申告として税務署に年に１回は，財務諸表を公に報告している。これらの会計報告という社会的活動は，企業のアカウンタビリティ（Accountability）の代表的な活動である。アカウンタビリティとは，

株主からお金を任された会社の経営者が，その運用成果すなわち「お金をいかに働かせたか」について説明する責任のことである。

会計学は，英語では Accounting といい動名詞である。もとの動詞は「account」であり，説明する，計算書を出す，（原因や理由を）明らかにする，責任を負う，弁明をする，という意味である。すなわち，会計とは，企業の状況を報告し説明する学問なのである。会計学は，人間社会における企業情報の役割と活用について，いろいろな立場から考え，企業情報を発信し，発信されている情報を活用する仕方を研究する企業研究のための学問である。

企業研究は，企業診断するプロフェッショナルな人たちの専門領域のように思われがちだが，ＩＣＴの進化とともに各企業の情報開示も進み，一般の就職活動中の人たちを含むステーク・ホルダー（利害関係者）にとっても情報入手できるようになり企業研究がより簡単にできるようになった。

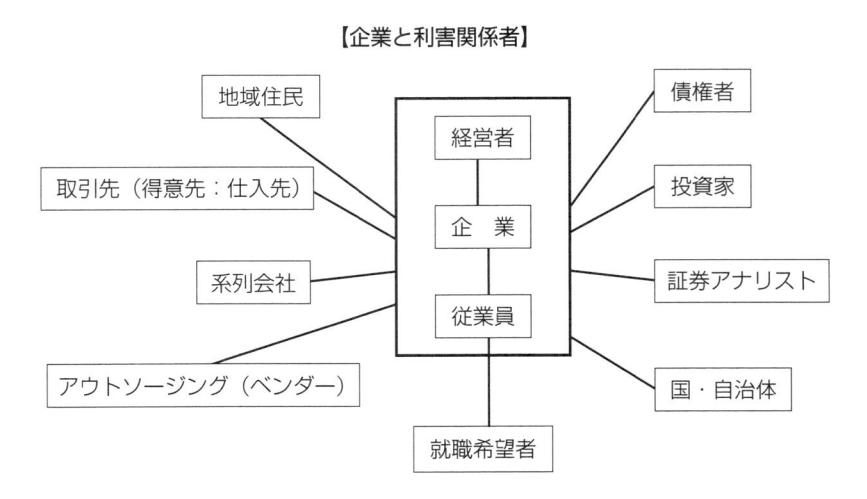

【企業と利害関係者】

しかし，日本企業のアカウンタビリティ意識が高くなっていくのは，バブル崩壊後（1990年代以降）であり，政府による金融システムの規制緩和などで直接金融の比重が高まり始めたときからである。さらに，企業は経済や資本市場のグローバル化が進む中で，外国人株主や海外機関投資家などが増加し，海外の株式市場に上場して資金を調達するなど企業を取り巻くステーク・ホルダー

の状況も，大きく変化したことにより，企業経営に関しても，今まで以上に厳しい評価にさらされるようになったのである。

　財務諸表の数字の後には，利害関係者（ステーク・ホルダー）がいる。利害関係者には，株主・債権者・従業員・取引先・消費者・自治体・国家などがある。損益計算書の中の売上高の後ろには，商品・サービスなどの価格を通して消費者がいる。給料という経費には，従業員がいるし，支払利息には，銀行がある。法人税や住民税・事業税という税金関係には，国や地方自治体がある。そして，中間配当額や当期純利益は，配当金として受け取る株主がいる。貸借対照表内の売掛金の後ろには，取引先があり，買掛金の後ろには，仕入先がある。借入金の後ろには，銀行があり，退職給付引当金の後ろには，従業員がいる。資本金の後ろには，株主という利害関係者がいる。

【損益計算書と利害関係者】

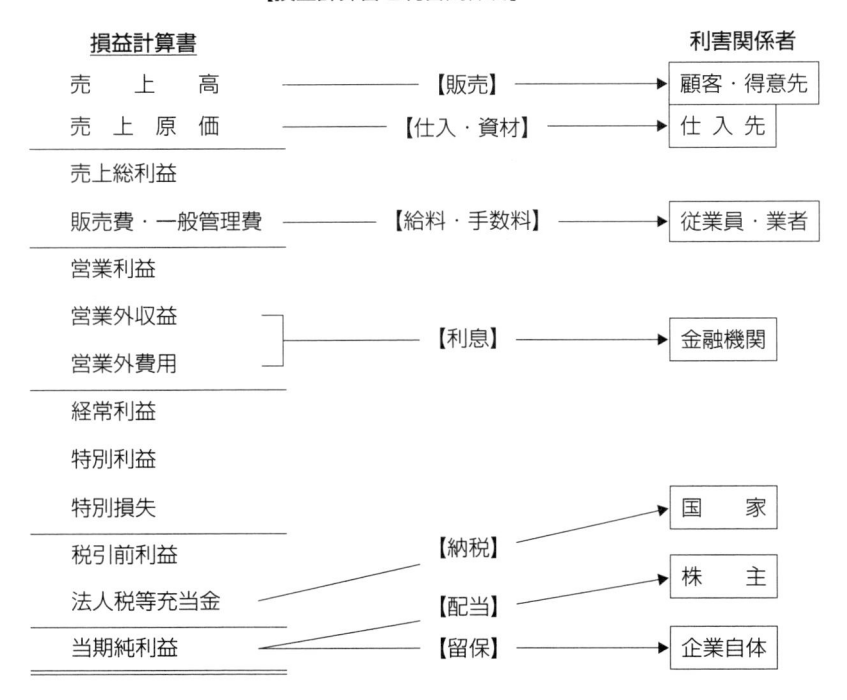

損益計算書		利害関係者
売　　上　　高	——【販売】——	顧客・得意先
売　上　原　価	——【仕入・資材】——	仕　入　先
売上総利益		
販売費・一般管理費	——【給料・手数料】——	従業員・業者
営業利益		
営業外収益		
営業外費用	——【利息】——	金融機関
経常利益		
特別利益		
特別損失		
税引前利益	——【納税】——	国　　家
法人税等充当金	——【配当】——	株　　主
当期純利益	——【留保】——	企業自体

戦後の日本企業は，企業グループと金融機関との持合い株や保険会社の保有などの間接金融のシステムにより安定的な株主が多数を占めていたために，企業が自社自身のことを利害関係者に理解を求めることなどをしてこなかった。企業の経理・財務担当者も金融面については銀行任せにする傾向が強く，銀行との窓口業務に徹していたために，アカウンタビリティ（Accountability）という意識がきわめて低く，情報開示も進んでいなかった。

　そのために，今までの日本では就職活動などを行っている人々が企業研究を行うときにも，企業の状況に対する情報開示に対してはマーケティングからのアプローチが多く，会計からのアプローチは少なくなってしまっていた。そこで，会計学を今までの専門家のためだけの独立的に学習する会計学ではなく，一般のビジネスに従事している人たちや就活生などが理解できるように企業経営の問題やビジネス・センスとして，企業研究や業界分析などが可能になる程度から始める一般教養としての会計として捉え直すことにする。

　教養としての会計としては，まずは，科学としてのものの見方や考え方（リテラシー）をスキルとしてキャリアにすることである。

■■ 科学リテラシーとしての会計

　企業研究や業界課題を教養として認識するためには，利害関係者（ステーク・ホルダー）である就活生などの学生が，企業の姿を客観的に知ることにある。この客観性を身につけるには，科学リテラシーが必要であり，特に，社会科学としてのリテラシーが要求される。

　社会現象を理解し分析する社会科学も，自然科学一般と同様の客観的な「モノ」に対するリテラシーである。この客観性は，株式会社を「モノ」の集合体として把握することにより，科学リテラシーを身につけることができる。

　社会科学リテラシーとしては，「モノ」に対してのアプローチ方法をとり，ある状況で起こっている「モノ」の動きを機能的に把握し，その問題点を因果律アプローチにより原因と結果で探究することができるようにしている。この科学リテラシーの「モノ」には，原理や原則そして「法則」が通用する。

例えば，ニュートン（1643～1727）が，リンゴが木から落ちるのを見て発見したといわれる万有引力の法則は，リンゴという「モノ」だけが落ちるのではなく全ての普遍的な「モノ」が地球に向かって落ちるという法則が成り立つのである。この「モノ」に対する原理・原則はどのような「モノ」にも適用可能になる。このような，「モノ」の見方・考え方が，科学リテラシーである。

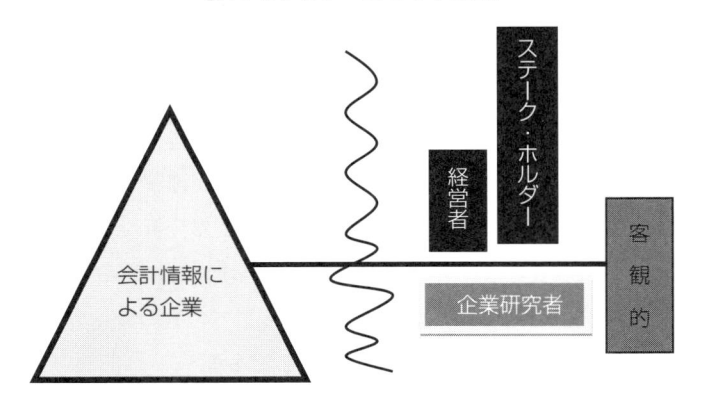

【科学リテラシーとしての会計】

　株式会社も，会社自体が売買の対象となる「モノ」として扱われる。そのために株式会社は，市場で売買可能な最大の商品として株主は株式の過半数を所有していれば会社という「モノ」を自由に売買できる。

　会社は，「モノ」の集合体として捉え，機能的に出来上がっている。すなわち，科学リテラシーを活用することにより，取引という行動によって起こっている「モノ」の動きにより状況を原因と結果で探究できるのである。このように，取引から始まり記帳するという簿記システムから会計というメカニズムにより「モノ」である株式会社を客観的に観ることができ科学的リテラシーを持つことができるようになる。株式会社は，機能的に出来上がっている「モノ」を原因と結果で探究し，分析して原理や原則を把握し活用できるようにしている。このような科学リテラシーによって，株式会社という資本主義経済の重要なファクターを分析し社会現象を研究することができるようになる。

このような会計システムは，近代科学の発想法から出来上がっていることを砂時計を活用して説明できる。近代科学の発想は物心分離，主観・客観，自然・人間，個人・社会といった二元論的発想から成り立っている。この二項図式を基礎として，帰納法や演繹法といった思考方法の発想が成立している。

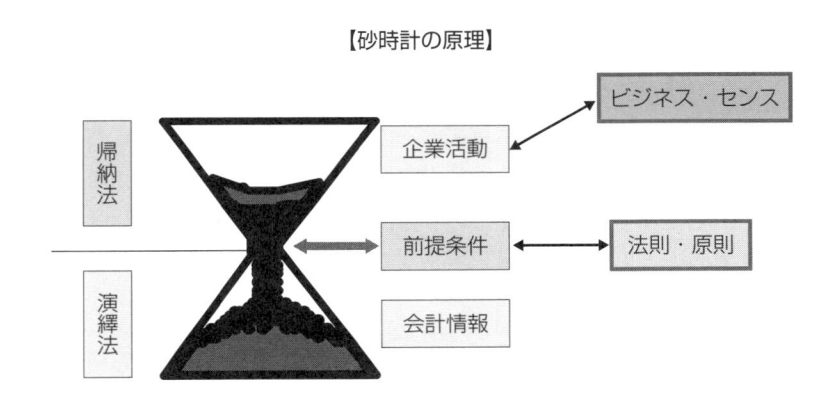

【砂時計の原理】

帰納法／演繹法

企業活動 ―― ビジネス・センス
前提条件 ―― 法則・原則
会計情報

　演繹法とは，上図の砂時計のくびれた部分から下を指し，大前提である一般的原理である命題を「リンゴは赤い」ということにすれば，小前提となる事実として目の前にあるリンゴを，「これはリンゴだ」ということができる。そして，結論として個々の事象としてあるリンゴに対して，「これは赤い」と言える科学的な論理的思考形態が成り立つのである。演繹法は，数学の証明のようなもので，ある意義を推し拡げて説明することで，前提条件や一般的原理から論理の手続を踏んで個々の事実や命題(1)を推論することである。

　企業研究を行う就活生は，まさに財務データの分析をし，業界研究をして企業や業界の法則や前提条件を推論していくことにより，業界や企業の数値の奥に隠れたところまで見ることができるのである。

　帰納法は，業界全体の現象や条件の中から問題意識や関心をもつことにより，

---

(1) 論理学で一つの判断の内容を「AはBだ。」のような形で表したもの。数学では，その理論において真か偽か原理的に定まっているものの称。広義では，変数を含み変数の値が定まるごとに真か偽か定まるものを指す。課せられた（自らに課した）問題。

ある一つの法則性や共通性などを導き出すことであり，それが，前提条件や一般法則を導き出す。帰納法は，砂時計のくびれた部分から上で，いろいろな事例収集を行い個々の事象として，例えば，「このリンゴも，あのリンゴも，そのリンゴも赤い」となれば，因果関係的に「これも，あれも，それもリンゴである」と本質的な結合関係が導き出される。そして，結論的に「リンゴは赤い」という一般原理が出来上がる。

そこで，ビジネス状況をビジネス言語により表現している会計は，近代科学の二元論的発想を前提として複式簿記システムをつくり上げている。複式簿記システムは，貸借平均の原則により，企業活動の「モノ」の変動を因果律により，勘定科目と金額で把握し仕訳という方法により企業の経済活動に伴う日々の財産の変動などを継続して正確にシステム的に記録することができるようになっている。

仕訳は，現金が増えたという時には帳簿の左側に金額と共に増えた結果を記帳し，その増えた原因が売上で増えたのか借入によって増えたのかを右側に記帳する。この時の左側を簿記では借方といい，右側を貸方と呼び，常にその貸借の金額が一致するように記帳する。この原則を「貸借平均の原則」といい，原因と結果とを常に一致させるシステムをつくり上げている。

そのために，この貸借平均の原則は，会計の機能の基礎として成り立ち，帳簿組織によって帳簿を記録する目的が出来上がる。これにより，複式簿記の目的は一定期間における商品売買，給料や広告料の支払，家賃の受取りなどによって，企業がどれだけの利益をあげたかを定期的に計算しその経営成績を明らかにすることができるという目的も果たせる。そして，一定の時点における現金や銀行預金，債権（商品などの売上代金の未収分など），債務（仕入代金の未払い分など），建物，備品などの財政状態を明らかにすることできる。

複式簿記は，貸借平均の原則により帳簿組織が体系的に出来上がっていると定義することができる。そして，複式簿記の目的は3つからなる。

① 日常の経済活動を継続的に正確に体系的に記録すること（システム的に帳簿記入を行うこと）

② 一定期間における企業の経営成績を表現できること（損益計算書を作成する）
③ 一定時点の企業の財政状態を表現できること（貸借対照表を作成すること）

この目的によって出来上がった財務諸表の情報は，それぞれのステーク・ホルダーに対し，株主には配当可能利益の計算情報を提供し，投資家には投資情報，債権者には貸付判断，経営者には経営管理，従業員には労働条件の問題意識，国や地方公共団体には課税，そして，就職希望者には企業研究のための情報を与えてくれる。

「モノ」を因果関係で捉え複眼的に考える会計は，仕組みそのものが情報の正確さを表現し，論理的に組み立てられているために，それを解読することは，情報を正しく読み取る力をつけ，ものごとを論理の筋道を追えるようになり，論理を組み立てることができるようになる。このように簿記会計を学ぶことが，一般的教養としての科学リテラシーを身につけ，ビジネスを行うときの教養として必要なものを身につけキャリアを磨く土台となる。

企業経営者が，株式会社という「モノ」を客観的に会計で記述するが，経営者そのものが「ヒト」であるために俯瞰的視点で株主という「ヒト」に対して報告せねばならない。会計は，企業を見る鏡であり目に見えない企業の状況を俯瞰的に表現できる知なのである。社会科学である会計は，社会現象を理解し，人々の間の相互依存関係と，相互依存関係を通して生まれる行動の集積過程を「ヒト」を含めて解釈できるようになる社会科学リテラシーが身についてくる。

■■ 俯瞰する会計

ビジネスを理解するには，企業を「モノ」としてだけ扱う科学リテラシーだけではなく，「ヒト」として企業を見ていく必要性も出てくる。企業の状況の中には「カネ」と「ヒト」という経営資源があり，株式会社は法人という「ヒト」としての権利が法律によって付与されている。すなわち，株式会社は「モノ」であるとともに，「ヒト」として扱われている。「モノ」の集合体の企業が，人格を有した「ヒト」として運営されている。

そして,「モノ」を経営するために経営者という「ヒト」が必要となってくる。この「モノ」である株式会社を所有する「ヒト」は,株主であり,株主が直接企業経営に携わることをしないときには,プロフェッショナルな経営者である「ヒト」が企業経営を行う。

　株式会社の株主の責任が有限化され出資が分割されると,企業の経営と所有が分離されて機能的になってくる。しかし,機能的になったからといって,企業の関係者であるステーク・ホルダーである「ヒト」が,自分たちが関係する企業を常に客観的に科学的に企業評価することが難しく,主観的要素が介入してしまうために状況把握や判断が難しくなってくる。

　ステーク・ホルダーという「ヒト」の主観の要素が入り込むから,企業を客観的に見ることがステーク・ホルダーには難しくなるのである。例えば,ステーク・ホルダーの中の企業経営者たちは,グローバル社会の中で,ライバル会社との競争にさらされ,気まぐれな顧客に振り回され,民間企業を規制しようとする官僚たちからの通達に気配りしながら,外部環境の変化に対応している。

　また,経営者だけでなく,組織メンバーも,日々の仕事に埋没してしまうと今の仕事の客観性を見失ってしまう。企業経営者にとって,企業規模が大きくなると企業全体を目で見ることもできなくなり,企業全体の内面的情況を洞察していかねばならなくなってくる。

　社会科学は,人々の間の相互依存関係と,相互依存関係を通して生まれる行動の集積過程を明らかにしていくことにある。科学リテラシーは,科学技術の論理として「モノ」の観点から観て「自他分離の論理」[2]に基盤に置いている。自他分離の論理とは,見ている自分と「モノ」とを分離して客観的に判断できる構造である。「モノ」としての株式会社を「ヒト」が認識する時には自他分離の論理で客観性を有している。

　自他分離の論理は,市場原理に基づき企業ビジネスモデルとして機械的シス

---

[2] 清水博著「共創と場所－創造的共同体論－」『場と共創』(NTT出版) 2000年

テムにしている。そこに「ヒト」の要素が入ってくる社会科学は，主体と客体を分離することが難しくなり，自他非分離の立場をとる。自他非分離の論理では，客観性をそれなりに維持する方法は，自分を入れ込んだまま状況を自分の意識で俯瞰することだけが客観性を保っていることになる。

【俯瞰する会計】

経営者が，企業全体を洞察するには，経営者自身が企業全体を俯瞰することで可能となる。俯瞰するとは，うつ伏せになって企業全体を見下ろし，無理と知りながら自分自身を入れながら見ることなのである。

洞察するということは，「ヒト」である経営者が，経営者自身を俯瞰し，なぜこのような意思決定をしたのか？ なぜこのような行動をしたのか？ という「なぜ」に応える意味をいかに生きたのかという意味論的アプローチをとることになる。意味を生きるとは，その行為や意思決定について，経営者自身を入れ込んで経営者自身を物語ることなのである。企業全体を探究するためには，意味を生きていることをストーリーとして物語ることにより，その状況が把握できるのである。「ヒト」に関わることは，その時その時に意味内容が違うために，万人に通用する原理原則が「ヒト」には通用しないのである。

科学リテラシーで用いた分析的方法である「因果律アプローチ」は，なぜそのようなことになったのかという結果の原因を求める問いを探究している。そ

して，解釈的方法の「意味論的アプローチ」は，企業実態を問う設問により探究するのである。

　状況把握方法としては，分析的方法である「因果律アプローチ」と解釈的方法である「意味論的アプローチ」であるが，あくまでも意味論的アプローチは「因果律アプローチ」の補完的関係でしかない。

　そのために，経営状況を把握する手助けできるのが「カネ」の動きであり，「カネ」は数字で客観的に表現でき，企業活動を会計により財務諸表で表現できる。企業活動を数字に置き換えることにより，主観が入り込めない。企業全体を洞察するための手段が，会計なのである。財務データは，因果律アプローチによる科学リテラシーにより，経営分析を行う。しかし，経営全体を表現する経営者の思いや方向性などは，意味論的アプローチにより定性情報として有価証券報告書には表現される。

■■ アカウンタビリティによる信頼関係の構築

　このように「ヒト」として存在し，科学的に機能している企業は，外の世界との関係性の中に存在することになる。企業は，利害関係者に対してその企業の活動情報を知らせる義務がある。利害関係者（ステーク・ホルダー）は，現在の投資家及び債権者だけではなく潜在的な情報利用者として将来の投資家や債権者も含んでいる。

　この時には，株式会社を「モノ」の集合体として機能的に捉えられ定量的に財務諸表としてレポーティング（事業報告）し，「ヒト」に対しては，意味論的に経営状況の全体を解釈し経営方針や現状分析として定性的にレポーティングしている。そのために，経営資源の運用を委ねられた経営者は，その資源をいかに運用し，どのような成果を上げたかについて説明する義務を負う。これを，アカウンタビリティ（Accountability）という。

　Accountability は，会計を意味するアカウンティング（Accounting）から派生した用語である。Accounting は，先述したように動名詞であり，元の用語は Account である。動詞である Account は，説明する，責任を負う，弁明す

るなどの意味であり，金銭的に数える行為の明細を明らかにするという意味である。科学リテラシーは，この Accounting により経営内容を説明する記述方法として客観的に表現することにより義務を果たすことができるのである。

　Accountability は，通常，説明責任や会計責任と訳され，Accounting（会計）と Responsibility（責任）を合成した造語である。レスポンシビリティ（Responsibility）とアカウンタビリティ（Accountability）の違いは，レスポンシビリティは責任の範囲や責任を果たしたかどうかを決めるのは主観である自分自身であるのに対して，会計責任で使用されるアカウンタビリティは，責任の所在が自分ではなく，相手方であるため説明を客観的に記述されていないと信頼されないのである。

　会計という用語解説として，account for（説明する）という以前の「数える」という行為が，語源的には強調されている。そして，Accountability の「説明責任」という訳の中には，昔から使われている「釈明」という負の概念の特定の行為を含んでいる。この釈明ということを含めて「会計責任」という訳にしている。よって，Accounting（会計学）とは，企業の経済活動を「カネ」の計算によって利害関係者に釈明することである。会計を総合的に解釈すると，金銭的に計算してこれまでの経済活動を利害関係者に弁明するという意味になる。

　すなわち，資本主義経済においてアカウンタビリティが重要になるのは，株式会社での株主と経営者の関係なのである。会計学は，企業に資金を提供してくれた株主などに，その資金をいかに運用したかの説明をするための学問である。

　株式会社では，法律上株主が所有者であるにもかかわらず，会計上会社は，それ自体が会計計算の主体となる。株主は報告を受ける客体として外部化されている。これを「会計主体の公準」といい，個人事業者の場合に，個人の財産と企業の財産を区別する原理であり，会計主体は企業経営を行っている経営者になる。組織の内部の経営者が，外部の株主に対してアカウンタビリティを果たすために会計を行うのである。

　アカウンタビリティは，企業に資金を提供した人たちであるプリンシパル

（principal）という株主や投資家・債権者と企業の経営を任された人たちであるエージェント（agent）との関係の中で，投資のために受け取った資金に対して企業であるエージェントがその資金をどのように運用したかについて信頼関係を構築するために説明しなくてはならないことである。

資金を任されて運用する経営者は，他の人や組織もしくは神などからその存在を認められていなくてはならない。このように認められた存在をエージェント（Agent）と呼ぶ。日本語ではただ単に代理人，代理業者，仲介業者のことであるが，その存在は契約社会の中で行われる他の存在の中に神までも入った内容であるという認識が肝要であろう。そして，このエージェントに対応する用語としてプリンシパル（Principal）という本人を示す用語を使用する。

【アカウンタビリティによる信頼関係の構築】

受託者　エージェント（企業経営を任された人）　←資金―　委託者　プリンシパル（株主・債権者）
　　　　　　　　　　　　　―責任と説明義務→
　　　　　　　委託　　　　　利害調整
　　　　　　　　　会計人（accountant）

このようなアカウンタビリティにおける信頼構築のための関係を，プリンシパル＝エージェント関係（principal–agent relationship）と呼ぶ。プリンシパル＝エージェント関係とは，株主であるプリンシパル（委託者）と，経営者であるエージェント（受託者）との関係である。この関係は，株式会社の所有と経営の分離として，株主（プリンシパル）と経営者（エージェント）間の委任契約関係によって成立している。

エージェントの行動様式は，信頼関係のための行動とシステムで構築するた

めのものであり，お互いに信頼できる関係をつくっていかなくてはならない決まりがあり，作り続けなくてならない。このような信頼し合わなくてはならない行動原理と，円滑な社会生活を送るために必要な厳しさを伴うルールで出来上がっている。

しかし，株主であるプリンシパルは，会社所有者として会社業務に関する全ての情報を正しく知りたいと思うのに対し，経営を委任されたエージェントである経営者は，会社の業績を実態よりよく見せようとすることで自己の評価と報酬の拡大の欲求が生じる。会計は，エージェントが自らの利益を追求するという行動を前提に，プリンシパルの利害を守るための制度なのである。契約社会においては，契約を履行させ日常の経済活動を報告させるための情報が会計なのである。

そのために，日常的に会社業務に携わる経営者とそうでない株主の間には情報が偏在するという「情報の非対称性」の問題が発生する。この情報の非対称性は，エージェントが，プリンシパルの利益のために委任されているにもかかわらず，プリンシパルの利益に反してエージェント自身の利益を優先した行動をとってしまうというエージェンシー・スラック（agency slack）を発生させる。エージェンシー・スラックには，エージェント自身の利害を優先し，取引先の利害を犠牲にする行動や取引先にウソをつくご都合主義的行動も含まれる。

また，情報の非対称性により，エージェントの行動についてプリンシパルが知りえない情報があることから，エージェントの行動に歪みが生じ効率的な資源配分が妨げられる現象や「隠された行動」によって起きるモラル・ハザード（moral hazard：道徳的危険）などが引き起こされる。この信頼のシステムの中には，それぞれの利害調整するためにも会計人が存在するのである。

2 ビジネス言語としての会計

企業の報告義務内容は，経理の状況を示す財務諸表だけでなく，企業の概況や事業の状況，設備の状況，株式の状況，役員の状況など，できるだけ多くの

経営情報についても，ステーク・ホルダーに報告する。そして，株主や投資家・債権者などのステーク・ホルダーが知りたいのは，今後どのような経営方針で事業を進めていくのか，そのためにどのような計画を立て，施策を採るのかである。決算書（財務諸表）のデータは，あくまでも結果であり過去の数字である。企業会計の分野におけるアカウンタビリティは，コーポレート・ガバナンスを良好に維持し，構成させる要素として重視されるようになった。そして，モラルハザードを防ぐためにアカウンタビリティが存在する。

　会計は，会社とステーク・ホルダーとの信頼関係を築く主体であり，簿記技術はそのための客体なのである。すなわち，会計は，利害関係者に説明することが主体であって，そのために簿記技術を利用してデータを作成するのであるから，簿記は客体であり手段なのである。簿記は，会計行為のうちの，金銭の計算を取り扱う社会科学としての「実務的な学問」なのである。簿記技術は，会計学が果たすべき会社責任のための技術であり道具である客体なのである。

　企業経営の実態は，会計というフィルターを通して企業の利害関係者に表現されている。会計は，企業の経営実態を映し出す鏡である。経営の実態として「モノ」に起こる経済取引を本体として，一定の規則に基づいて別の「モノ」情報に変換したものが鏡に映る写体となり，情報の変換プロセスによって鏡に映った写像情報である。会計は，経営活動を総合的に捉える経営の写像情報である。この写像情報には，人々や各企業の姿勢や価値観，意思決定が反映されている。それは人々の心を揺さぶり，彼らの日々の活動，さらには命運までも変えてしまう可能性を秘めている。また，逆に会計基準の変更が企業の行動を規定する場合もある。そうした会計の様々な側面を知り，ビジネス言語としての会計情報を理解することにより，会計情報を使いこなせるようになる。

　このアカウンタビリティが可能となる表現方法が確立され，科学としての複式簿記というシステムによる会計は，ビジネス言語として成立する。青柳文司教授は，これを「会計言語説」[3]と呼んでいる。

---

(3)　青柳文司『会計学の原理　新版』（中央経済社）1979年

第2章 ビジネス言語としての会計

　資本主義経済社会の株式会社は,「モノ」の動きを会計というビジネス言語によって表現されている。企業が行っているビジネス活動は,「ビジネスの言語（language of business）」というコミュニケーション手段を使って伝達される。人と人とのコミュニケーションの手段が, 言語の役割であるならば企業を知る上でもっとも有用な情報が,「ビジネスの言語」である。このビジネスの共通言語が, 会計であり会計情報である。会計や会計情報は, 企業のビジネス活動を貨幣によって測定し, その結果が情報として財務諸表に表現されている。

　この会計情報が, 利害関係者に有用であるということは「ビジネス言語」である会計情報によるコミュニケーションが有効であることを前提としている。コミュニケーションが有効であるということは, 会計情報の意味が有効に伝達された証なのである。すなわち, 会計が,「ビジネスの言語」であるということは, 社会科学として会計の本質的なこととなる。

　山本真樹夫教授は,「会計情報の意味を明らかにすることは, 会計によるコミュニケーションを有効にするためには不可欠である。」[4]と述べている。これは社会科学としての会計に対して「意味論的アプローチ」を可能にし, 会計をコミュニケーションの言語システムとして捉え直すための見方となる。

---

[4]　山本真樹夫著『会計情報の意味と構造』（同文舘出版）1992年, P23

■■ 会計領域

　会計は，ビジネスにおける企業会計だけではなく，家計や公会計，ＮＰＯ法人会計など様々な領域で活用され，適用される。

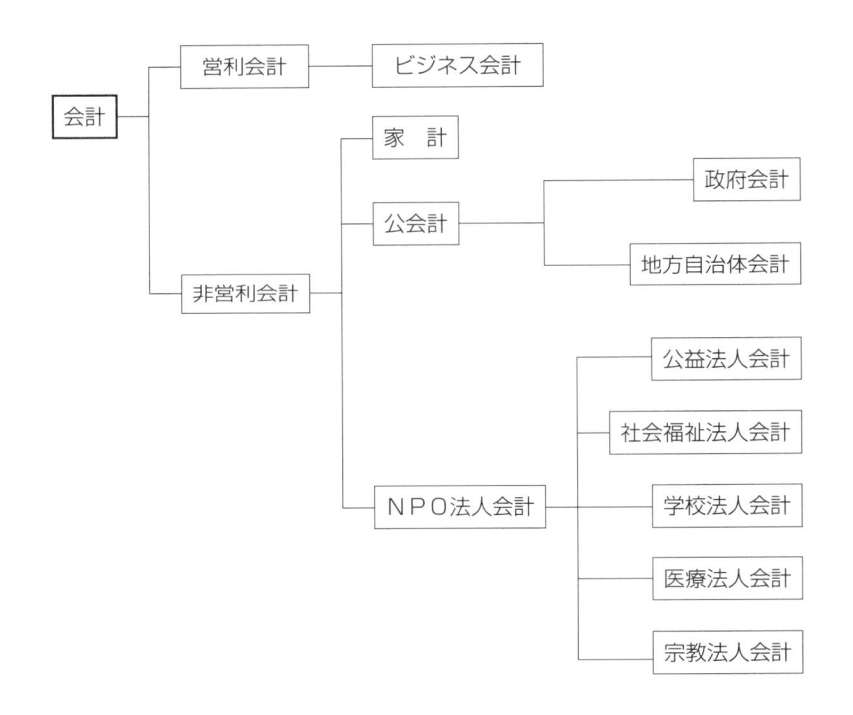

```
会計 ─┬─ 営利会計 ──── ビジネス会計
      │
      └─ 非営利会計 ─┬─ 家　計
                     │
                     ├─ 公会計 ─┬─ 政府会計
                     │          └─ 地方自治体会計
                     │
                     └─ ＮＰＯ法人会計 ─┬─ 公益法人会計
                                        ├─ 社会福祉法人会計
                                        ├─ 学校法人会計
                                        ├─ 医療法人会計
                                        └─ 宗教法人会計
```

　アウトプットとしての財務諸表は，利害関係者が求める情報を公開したり，あるいは特定の立場や職業にある人がもつ情報を口頭で説明したりして，知る側，聞く側が納得すれば，基本的にアカウンタビリティは完結する。しかしアカウンタビリティの場合は，説明をすることだけでなく，結果について責任を負うことを指している。説明を求められたとき，内容的に不十分な説明しか行わず，結果的に金銭的な損失や損害を与えたり，精神的なダメージを与えたりした場合，それを償う必要がある。つまり，単なる情報公開や透明性を高めることに比べて，ずっと大きな義務が課せられている。

外部の利害関係者にその経営成績と財政状態を報告する会計を，外部報告会計という。利害関係者は，企業と現在・将来を含めて利害関係を持つ存在のことであり，経営者・証券アナリスト・管理者・従業員・立法機関や取引先さらに地域社会や自治体までも含んでいる。また，内部に対しても経営成績や財政状態を報告する会計があり，内部報告会計という。

こうした財務諸表を中心とする経営状況の報告は，会社法や金融商品取引法，法人税法によって義務化されている。その理由は，企業活動が，ヒト，モノ，カネなどの経営資源を社会から預かり，これらの資源を適正に運用することによって，その成果を還元しなければならない。したがって企業は，直接あるいは間接を問わず，資源を負託した個人や機関，地域や社会に対して責任を負い，活動内容について説明・報告する義務が生じる。

このようなアカウンタビリティは，ある資源を負託されたことを前提とし，負託された側は，資源についてさまざまな責任を負い，責任について負託した側に説明する義務がある。こうした解釈によって，例えば，官公庁や地方自治体の納税者に対する説明義務，あるいは生命を預けられた医師の患者に対しての説明義務など，あるものの負託関係から生ずる説明責任に対して，アカウンタビリティという言葉を使うケースが非常に増えてきている。

このように企業情報は，あらゆる階層に必要とされ，この企業情報は「財務諸表」によってもたらされている。言葉を代えて言えば，あらゆる人々が「財務諸表」の仕組みを理解し，企業情報を読み取る力を備えなければならない時代がやってきているといえる。

3 XBRL会計

XBRLとは，「eXtensible Business Reporting Language」の略で，拡張可能な事業報告用言語と訳されている。会計における財務諸表などの報告書を作成し，流通，活用するために標準化されたコンピュータ言語である。XBRLは，XML「eXtensible Markup Language」を用いて財務報告用に標準

化されたWeb上で活用できる言語である。XMLは，HTML（Hyper Text Markup Language）の発展型で，HTMLで表示しているデータは2次利用できないが，XMLならデータなので表示にも集計にも使える言語で財務情報を電子報告用にしたものである。

　XBRLで作成された財務諸表データは，Excelなどの別のソフトやシステムに取り込んで，加工や分析のために使用することができるようになる。変換するためのソフトは必要だが，ExcelにXBRLの勘定科目と金額を取り入れて，財務分析や勘定科目データをグラフ化したりできる。

【XBRLの沿革】

1998年（平成10年）4月	米国の公認会計士チャールズ・ホフマンが，財務情報の電子的報告にXMLを応用する調査を始め，財務諸表のプロトタイプの開発に着手。
2000年（平成12年）7月31日	『XBRL Specification 1.0』及び『US GAAP C&I Taxonomy』が発表される。

　チャールズ・ホフマンが開発したアイデアは，アメリカの公認会計士協会（AICPA）に採用され，コードネームXFML（XMLベースの財務報告用マークアップ言語）の開発プロジェクトがスタートした。2000年に，名称がXBRLに変更され，「財務報告」から「事業報告」へと変化した。財務報告だけでなく，企業内の会計情報を含めたより広い情報領域をカバーできるように意図されていた。

　日本におけるXBRLの導入事例を見ると，世界でもいち早く様々な分野で導入している。

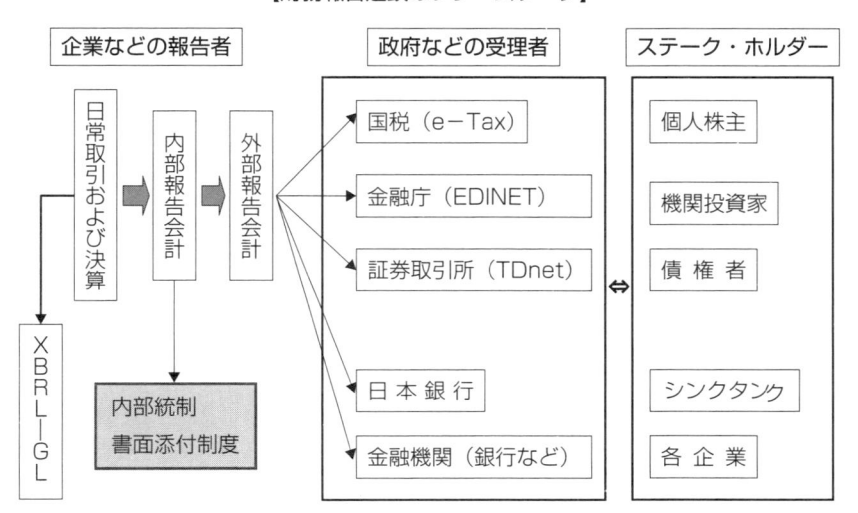

第2章　ビジネス言語としての会計

【財務報告連鎖のフレームワーク】

企業などの報告者	政府などの受理者	ステーク・ホルダー
日常取引および決算 → 内部報告会計 → 外部報告会計	国税（e-Tax） 金融庁（EDINET） 証券取引所（TDnet） 日本銀行 金融機関（銀行など）	個人株主 機関投資家 債権者 シンクタンク 各企業
XBRL GL		
内部統制 書面添付制度		

2001年（平成13年）4月	米国の公認会計士協会からの依頼に基づきXBRL-Japanが設立される。
2002年（平成14年）11月11日	第6回ＸＢＲＬ国際会議が東京で開催される。東証，東京三菱銀行，三井住友銀行，ワコールがＸＢＲＬの取込みを発表する。
2003年（平成15年）4月	東京証券取引所において TDnet において決算短信のサマリー情報などを受領後，ＣＳＶ形式に変換して配信するスキームを開始。
2004年（平成16年）	法人税の電子申告の財務諸表をＸＢＲＬでも受け付ける。
2006年（平成18年）2月	日本銀行が月次貸借対照表データからＸＢＲＬ形式のデータの授受を開始される。
2008年（平成20年）3月	金融庁はＸＢＲＬによる新ＥＤＩＮＥＴを稼働開始。
2009年（平成21年）1月	決算短信の財務諸表のＸＢＲＬ化を開始。

　東京証券取引所は，2003年より上場企業からＸＢＲＬ形式で財務諸表を受理できるようにしている。東京証券取引所が運営する TDnet（Timely Disclosure network：適時開示情報伝達システム）は，日本の国内の全上場企業の会社情報の

開示を行うシステムである。企業会計審議会は,「四半期レビュー基準の設定に関する意見書」を2007年3月27日に公表し,四半期決算短信のうちサマリー情報について,新 TDnet 稼働（2008年7月）からＸＢＲＬ形式により提出するが,ＸＢＲＬ形式のファイルは新 TDnet の機能を用いて作成されている。

　国税庁は,2004年から国税の電子申告・納税システム（e-Tax）を導入し,ＸＢＲＬを採用し所得税や消費税の申告形式としている。

　2006年に日本銀行は,市中銀行などの金融機関から定期的に提出を受けている財務データの授受にＸＢＲＬの導入を行っている。

　金融庁は2001年からＥＤＩＮＥＴ（Electronic Disclosure for Investors' NETWork：金融商品取引法に基づく有価証券報告書等の開示書類に関する電子開示システム）の運用を開始しているが,この初めのシステムはＨＴＭＬを用いた電子報告であった。そして,2008年から新ＥＤＩＮＥＴとしてＸＢＲＬで作成することが義務づけられている。

　金融庁では,セグメント情報などの注記情報や株主情報などの非財務情報のＸＢＲＬ化やＩＦＲＳ（国際会計基準）の適用に向けたＸＢＲＬによる情報提供をしようとしている。

第3章

会計学入門
- Elementary Accounting -

1 │ 会計プロセス（Accounting Process）

　会計は，お金の出入りを記録するためだけのものではない。それぞれの活動を「貸借平均の原則」というルールで記録・計算・整理し，複式簿記の仕組みにおいて，経営成績と財政状態を利害関係者に報告するシステムを会計という。企業会計は，企業の経営活動の状況を説明する役割を果たしている。

　会計システムの根幹を成しているのが，複式簿記である。複式簿記は，経済取引を貨幣額で測定し，これを勘定科目と金額によって会計現象に変換するシステムである。

【会計プロセス（Accounting Process）】

```
企業の経済活動 → 会計＝理論的側面
                 会計認識 ─ 測定 ─ 記録 ─ 計算 ─ 整理 ─ 報告 → 利害関係者
                 簿記＝技術的側面
```

　会計情報を生産する一連のプロセスは，会計プロセス（accounting process）と呼ばれる。会計プロセスは，複式簿記のルールを適用して損益計算書・貸借対照表が作成される。この会計プロセスの機能と構造を取引処理システムとい

- 43 -

う。システムの機能は、インプット（input）をアウトプット（output）に変換する処理（process）である。財務諸表は、取引処理システムのアウトプットである。財務諸表が、会計情報と呼ぶことができるのは、複式簿記という会計測定プロセスが存在し、規則を含む機構を通過して産出されるからである。

2 | 会計公準（Convention）

　会計は、企業のビジネス活動を貨幣によって測定し、その結果が会計情報として財務諸表に表現される。会計がビジネス言語として成り立つための前提条件があり、これを会計学では「会計公準」（Convention）と呼ぶ。公準とは、広く受け入れられた議論や理論の前提のことを指している。会計公準とは、会計システムをめぐる環境の特質のうち、企業会計と密接な関係のあるものを命題化したものであり、会計実践や理論が成立し、形成される場合の基礎的前提条件としての役割を果たしている。

　会計公準には以下の３つがある。
(1)　会計単位を定める（企業実体の公準：Entity Concept）
　　　簿記の記録・計算・整理の対象となる範囲として、企業の経営活動を会計単位という。会計記録は、本来、会計主体（Entity）のために作成されるものであり、決して会計主体の所有者や経営者あるいは利害関係者に作成されるものではない。これを企業実体の公準という。個人企業の場合には、本来家計が負担するはずの費用などは計算の対象外とし、責任の範囲を明確にしておかなくてはならない。
(2)　会計期間を設定する（継続企業の公準：Going-Concern Concept）
　　　会計の前提条件としては、企業が継続して営まれ（ゴーイングコンサーン）存在し続けることである。企業の経済活動は、定期的に決算を行って期間損益を算出する制度となって継続して営まれている。企業の経営成績を明らかにするためには、人為的に一定期間を区切って帳簿を締め切り、報告書を作成する。この区切られた期間を会計期間といい、この期間の初

めを期首，終わりを期末という。

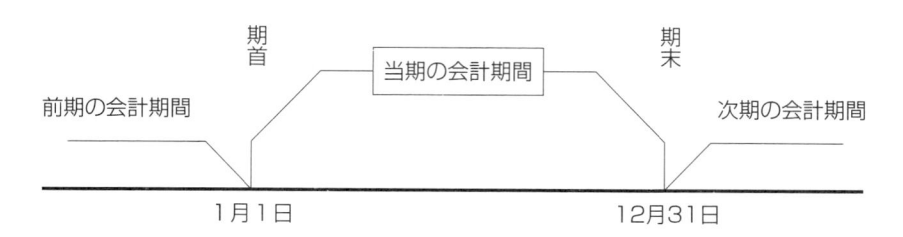

```
         期            期
         首            末
    ┌─当期の会計期間─┐
前期の会計期間              次期の会計期間
━━━━━━━━━━━━━━━━━━━━━━━━━━━━
        1月1日         12月31日
```

(3) 貨幣金額で測定する（貨幣的測定の公準：Asset-Measurement Concept）

　　企業の経済活動を測定するためには，貨幣金額を共通尺度にして表示する。したがって，貨幣金額で表示できないものは，簿記の対象にはならない。会計は，経済活動を特定の通貨単位によって認識し，測定し伝達するためのシステムである。「貨幣評価の公準」とも呼ばれる。

以上，現在のところ，「会計主体」，「会計期間」，「貨幣的評価」の3つの公準命題が一般的なものと認められている。

3　時点を表す貸借対照表

　貸借対照表（Balance Sheet＜略＞B／S）は，一定時点で企業が活動した財政状態を示す表である。財政状態とは，企業の資金をどこから調達し，どこに運用するのかという資金の調達と運用の結果による資産・負債・純資産（資本）の状況のことをいう。

　調達については，貸借対照表の右側（貸方：Credit クレジット）に負債と純資産（資本）として示している。運用については，左側（借方：Debit デビット）に資産として示している。貸方（Credit）は資金の出所（調達）であり，借方（Debit）はその資金の使途（運用）という意味である。

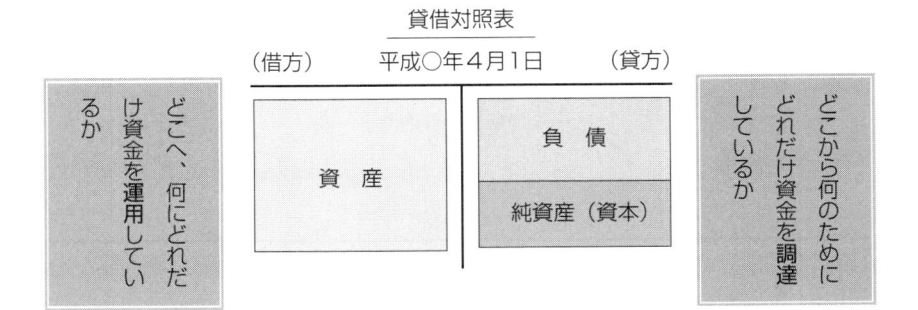

貸借対照表
（借方）　　平成○年4月1日　　（貸方）

どこへ、何にどれだけ資金を運用しているか	資　産	負　債
		純資産（資本）

どこから何のためにどれだけ資金を調達しているか

　調達とは，銀行から借り入れた資金や株主から出資された資金（株式会社の場合），個人で出資した資金（個人事業主）などである。このように調達された理由を借入金や元入金（資本金）という勘定科目として示している。仕入先から商品を仕入れたり，支払先に手形を振り出したりして現金の支払いをすぐに行わないときも買掛金や支払手形という勘定科目を使って記帳されている。

　貸借対照表について重要なことは，ストックとしてある一時点のみを表示していることに注意しなければならない。決算公告などの簡易な表においてもある時点の表示がなされている。現金の金額表示は，平成○年3月31日現在の時に手持ちにあった現金であって，4月1日に取引があればすぐにその残高は変化するのである。そのために，期首の貸借対照表と期末の貸借対照表とを比べることによって当期純利益を算出するのである。

　それゆえに，貸借対照表等式として，次のような公式を持っている。

> 資産＝負債＋純資産（資本）……貸借対照表等式

　この等式が成り立つのは，複式簿記の仕組みの原点として，借方側の資産と貸方側の負債と純資産（資本）の合計が一致するという「貸借平均の原則」により組み立てられているからである。

> **練習問題Ⅰ**
>
> 次の問題の純資産を計算しなさい。
>
> | 資　　産 | 負　　債 | 純資産（資本） |
> |---|---|---|
> | 850,000 | 350,000 | （　　　　　） |

■■ 資　　産

資産は，企業活動を通じて将来に現金などの物品や債権になるものをいう。資産の部には，現金や普通預金などの他にも，商品を売ってまだお金をもらっていないものを売掛金という勘定科目で処理されている。売上代金を手形でもらったときには受取手形という勘定科目になる。

資産の具体例としては，次のようなものがある。

資産の部	内　　　容
現　　　　金	通貨である硬貨や紙幣など
銀　行　預　金	普通預金，当座預金などの銀行や郵便局に預けた預金
商　　　　品	販売する目的で持っているモノ
売　掛　金	商品を売ったときに生じる債権（金銭を受け取ることのできる権利）。商品を掛取引（商品の売買代金を後日支払うことを約束する取引）すると生じる。
受　取　手　形	約束手形や為替手形などを商品の売買などの商業用に用いたときに受け取った手形のこと
売買目的有価証券	短期に保有している株式や社債などのこと
貸　付　金	他の人に金銭を貸して後日返してもらう権利（債権）
備　　　　品	机や椅子，キャビネット，パソコンなど
建　　　　物	店舗，倉庫，事務所などの建築物
土　　　　地	店舗，倉庫，事務所，駐車場などの敷地
車　両　運　搬　具	商売に使用するトラックや自動車，バイクなど

◆ 負　　債

　負債は，企業活動を通じて将来お金の支払いをしなくてはならない債務などである。負債の具体例としては，次のようなものがある。

負債の部	内　　　容
買掛金（かいかけきん）	商品を買ったときに生じる債務（金銭を支払う義務）。商品を掛取引で仕入れたあとに支払わなくてはならない代金。
借入金（かりいれきん）	銀行や他の人から金銭を借り入れ，後日返済しなくてはならない代金（債務）
社　　債	株式会社が資金を市場から直接調達するために，取締役会の決議により社債券を発行することで長期の資金を借り入れたもの

◆ 資　本（純資産）

　貸借対照表に表示されている資産は全てが自分の持分ではない。負債があるということは，どこかで借金をして買った資産もある。そのために，今ある資産における自分の持分は資本として示されている。例えば，銀行からお金を借りて建てた家は資産として自分のものとなるが，そのうち本当に自分のものである持分は，頭金の部分と，返済した元金の部分だけで，残りはまだ銀行の持分のようなものである。この自分の持分が資本金ということになる。

　資本（純資産）の具体例としては，次のようなものがある。

資本の部	内　　　容
資　本　金	個人事業主の場合は，自分で出資した金額が資本金となる。株式会社の場合は，株主が初めに出資した金額である。
元　入　金	税法上で使用される個人事業者（店主）用の資本金のこと。すなわち，実務的には個人の場合は元入れしたともいう。
剰　余　金	株式会社の場合に，純資産の項目の中の資本金・資本準備金を控除した金額で，分配可能額算定の基礎となる。

　貸借対照表は，これらの勘定科目によって構成されている。そして，その勘定科目の金額は必ず貸借一致するようになっている。これが前述の「貸借平均の法則」であり，複式簿記の仕組みの原点として組み立てられている。

第3章　会計学入門

練習問題Ⅱ

次の勘定科目は，資産・負債・資本の中のどの項目に属するかを示しなさい。

備品・普通預金・建物・現金・買掛金・元入金・社債・借入金・売掛金・貸付金・支払手形・剰余金・売買目的有価証券

資産	
負債	
純資産（資本）	

貸借対照表は，資産・負債・純資産の項目の中に，それぞれの勘定科目によって構成されている。そして，その勘定科目の金額は必ず借方（左側）と貸方（右側）が一致するように計算し，元入金を算出する。

例題1　次の資料から個人事業者の名東商店の平成〇年1月1日の貸借対照表を作成せよ。資産と負債の差額は元入金として表示せよ。

現　金　¥600,000　　売掛金　¥800,000　　商　品　¥450,000
備　品　¥250,000　　買掛金　¥400,000　　借入金　¥500,000

解　答

貸　借　対　照　表
（名東商店）　　　　　平成〇年1月1日

資　産	金　額	負債・資本	金　額
現　　　金	600,000	買　掛　金	400,000
売　掛　金	800,000	借　入　金	500,000
商　　　品	450,000	元　入　金	1,200,000
備　　　品	250,000		
	2,100,000		2,100,000

貸借対照表の金額欄を締め切る時は，赤で一本の線を引く。これを「合計線」といい，資産の合計金額を入れ二本線で締め切る。この二本線のことを「締め切り線」という。これは，帳簿に数字であるデータを書き入れる時の基本的な記述方法である。

練習問題Ⅲ

次の資料から個人事業者の京都商会の平成〇年1月1日の貸借対照表を作成せよ。資産と負債の差額は元入金として表示せよ。

| 現金 | ¥ 800,000 | 売掛金 | ¥260,000 | 商品 | ¥380,000 |
| 備品 | ¥1,300,000 | 買掛金 | ¥370,000 | 借入金 | ¥560,000 |

貸　借　対　照　表
（　　　）　　　　平成〇年　月　日

資　産	金　額	負債・資本	金　額

4　財産法による損益計算

　企業活動は，絶え間なく続いていくものであるが，一定の会計期間を設定し定期的に計数の結果をまとめて財務諸表（決算書）として報告する。この会計期間（1年・3か月）の始めを期首といい，終わりを期末という。今の会計期間を当期といい，前の会計期間を前期，次の会計期間を次期という。

| 期首貸借対照表 | 期末貸借対照表 |
| 平成○年4月1日 | 平成○1年3月31日 |

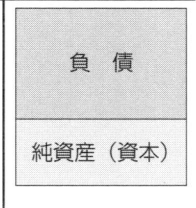

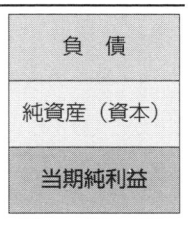

期首資産－期首負債＝期首純資産（資本）

期末資産－期末負債＝期末純資産（資本）

期末純資産（資本）－期首純資産（資本）＝当期純利益

例題2 次の（A）（B）にあてはまる金額を計算しなさい。

期首資本	期末資本	利益・損失
350,000	550,000	（A）
200,000	（B）	△50,000

解 答

（A） 200,000　（B） 150,000

1年間働き，儲けがあればそこから返済していけば自分の持分が増え，資本金が増えてくる。つまり，損益計算書に表現されている活動によって得た利益は，貸借対照表の自分の持分が増加した金額と同じになるようになっている。すなわち，収益から費用を差し引いた金額が当期純利益になり，期末の資本から期首の資本を差し引いた金額が同じになる。

5 期間を表す損益計算書

損益計算書（Profit and Loss Statement＜略＞P／L）は，一定期間（1年・半年・3か月）の収益と費用を表す。収益や費用は，期間を表しており，例えば，売上が1億円あるといっても1年間なのか1か月なのかという期間を示さなければ，意味のない数字になってしまう。

収　益	企業の経営活動によって資本が増加する原因 【勘定科目】 売上（商品売買益）・受取手数料・受取利息など
費　用	企業の経営活動によって資本が減少する原因 【勘定科目】 売上原価・給料・広告料・旅費交通費・通信費・支払家賃・雑費など

例題3　名古屋商店の平成○年1月1日から平成○年12月31日までの収益と費用は次のとおりである。収益総額と費用総額および当期純利益を計算しなさい。

　　商品売買益　¥950,000　　受取手数料　¥125,000

　　給料　¥240,000　　広告料　¥70,000　　雑費　¥15,000

収益総額		費用総額		当期純利益	

解　答

収益総額	1,075,000	費用総額	325,000	当期純利益	750,000

6 損益法による損益計算

損 益 計 算 書

費 用	収 益
当期純利益	

　１年間の収益から費用を引くと当期純利益という数字になる。

　「収益－費用＝当期純利益」

　この等式の数値が，今年の儲けや損を計算する式である。これを会計では，「損益計算書は，一定期間の経営成績を表す」と表現する。

練習問題Ⅳ

　平成〇年１月１日に現金1,000,000円を元入れして開業した北九州商店の１年後の財政状態と経営成績は次のとおりであった。下の貸借対照表と損益計算書を完成しなさい。

貸 借 対 照 表

（北九州商店）　　　平成〇年12月31日

資　　産	金　　額	負債・資本	金　　額
現　　　　金	600,000	買　掛　金	400,000
売　掛　金	800,000	借　入　金	500,000
商　　　　品	450,000	元　入　金	（　　　）
備　　　　品	250,000	（　　　）	（　　　）
	2,100,000		2,100,000

損 益 計 算 書

(北九州商店)　平成○年1月1日から平成○年12月31日

費　　用	金　　額	収　　益	金　　額
給　　料	(　　　　)	商 品 売 買 益	3,250,000
旅 費 交 通 費	60,000	受 取 手 数 料	450,000
広　告　料	450,000		
当 期 純 利 益	(　　　　)		
	(　　　　)		(　　　　)

7 貸借対照表・損益計算書の関連性

　期の初め（期首）の一時点の貸借対照表と，期の終わり（期末）の一時点の貸借対照表の財産の内容（財政状態）を表し，その期間に実質増額した1年間の利益分だけが当期純利益として期末資本に記入されている。その当期純利益は，損益計算書において収益から費用を差し引いた金額が指し示している。この当期純利益により，貸借対照表と損益計算書の関連を理解することができる。

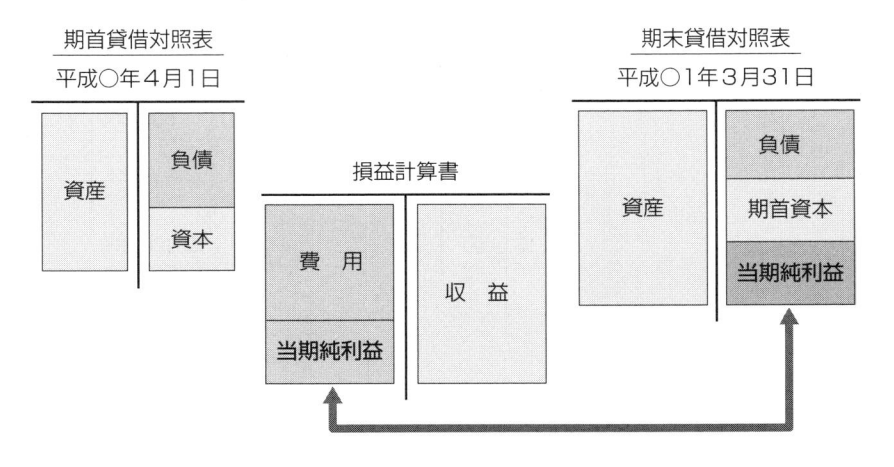

練習問題Ⅴ

次の資料から京都商会の期首の貸借対照表と損益計算書と期末の貸借対照表を作成しなさい。

1. 平成〇年1月1日（期首）の資産および負債
   現金¥80　売掛金¥460　商品¥280　備品¥130　買掛金¥370
   借入金¥200
2. 同年12月31日（期末）の資産および負債
   現金¥110　売掛金¥420　商品¥260　備品¥170　建物¥630
   買掛金¥470　借入金¥550
3. 平成〇年1月1日から同年12月31日までに発生した収益および費用
   売上原価¥1,000　給料¥520　支払手数料¥140　通信費¥70
   交通費¥50　支払保険料¥110　支払利息¥80　売上¥1,830
   受取手数料¥210　受取利息¥120

貸 借 対 照 表
（　　　）　　　　平成　年　月　日

資　産	金　額	負債・資本	金　額

損益計算書

( )　平成　年　月　日から平成　年　月　日

費　用	金　額	収　益	金　額

貸借対照表

( )　平成〇年12月31日

資　産	金　額	負債・資本	金　額

練習問題Ⅵ

設問Ⅴについて次の表の空欄に適当な金額を記入しなさい。

期　首			期　末			収益	費用	利益・損失
資産	負債	資本	資産	負債	資本			
(A)	(B)	(C)	(D)	(E)	(F)	(G)	(H)	(I)

練習問題Ⅶ

次の表の(ア)～(ト)に適当な金額を記入しなさい。なお損失には△印をつけなさい。

	期　首			期　末			収益	費用	利益・損失
	資産	負債	資本	資産	負債	資本			
1	250	180	(ア)	320	(イ)	120	540	(ウ)	(エ)
2	(オ)	350	(カ)	660	400	(キ)	(ク)	610	80
3	310	(ケ)	120	(コ)	230	100	(サ)	470	(シ)
4	(ス)	630	210	(セ)	550	(ソ)	990	830	(タ)
5	460	(チ)	(ツ)	470	(テ)	130	720	(ト)	△40

(ア)		(イ)		(ウ)		(エ)		(オ)	
(カ)		(キ)		(ク)		(ケ)		(コ)	
(サ)		(シ)		(ス)		(セ)		(ソ)	
(タ)		(チ)		(ツ)		(テ)		(ト)	

【練習問題解答】

練習問題Ⅰ

500,000

練習問題Ⅱ

資産	備品・普通預金・建物・現金・売掛金・貸付金・売買目的有価証券
負債	買掛金・社債・借入金・支払手形
純資産（資本）	元入金・剰余金

練習問題Ⅲ

貸借対照表

（京都商会）　　平成○年1月1日

資　産	金　額	負債・資本	金　額
現　　金	800,000	買　掛　金	370,000
売　掛　金	260,000	借　入　金	560,000
商　　品	380,000	元　入　金	1,810,000
備　　品	1,300,000		
	2,740,000		2,740,000

練習問題 IV

貸 借 対 照 表

（北九州商店）　　平成○年12月31日

資　　産	金　　額	負債・資本	金　　額
現　　　　金	600,000	買　　掛　　金	400,000
売　　掛　　金	800,000	借　　入　　金	500,000
商　　　　品	450,000	元　　入　　金	(1,000,000)
備　　　　品	250,000	(当 期 純 利 益)	(200,000)
	2,100,000		2,100,000

損 益 計 算 書

（北九州商店）　平成○年1月1日から平成○年12月31日

費　　用	金　　額	収　　益	金　　額
給　　　　料	(2,990,000)	商品売買益	3,250,000
旅 費 交 通 費	60,000	受取手数料	450,000
広　　告　　料	450,000		
当 期 純 利 益	(200,000)		
	(3,700,000)		(3,700,000)

練習問題 V

貸 借 対 照 表

（京都商会）　　平成○年1月1日

資　　産	金　　額	負債・資本	金　　額
現　　　　金	80	買　　掛　　金	370
売　　掛　　金	460	借　　入　　金	200
商　　　　品	280	資　　本　　金	380
備　　　　品	130		
	950		950

損 益 計 算 書

(京都商会)　平成○年1月1日から平成○年12月31日

費　　用	金　額	収　　益	金　額
売 上 原 価	1,000	売　　　　上	1,830
給　　　　料	520	受 取 手 数 料	210
支 払 手 数 料	140	受 取 利 息	120
通　信　費	70		
交　通　費	50		
支 払 保 険 料	110		
支 払 利 息	80		
当 期 純 利 益	190		
	2,160		2,160

貸 借 対 照 表

(京都商会)　平成○年12月31日

資　　産	金　額	負債・資本	金　額
現　　　　金	110	買　掛　金	470
売　掛　金	420	借　入　金	550
商　　　　品	260	資　本　金	380
備　　　　品	170	当 期 純 利 益	190
建　　　　物	630		
	1,590		1,590

練習問題Ⅵ

期首資産（A）：950　　期首負債（B）：570　　期首純資産（C）：380
期末資産（D）：1,590　　期末負債（E）：1,020　　期末純資産（F）：570
収益（G）：2,160　　費用（H）：1,970　　利益（I）：190

練習問題VII

(ア)	70	(イ)	200	(ウ)	490	(エ)	50	(オ)	530
(カ)	180	(キ)	260	(ク)	690	(ケ)	190	(コ)	330
(サ)	450	(シ)	▲20	(ス)	840	(セ)	920	(ソ)	370
(タ)	160	(チ)	290	(ツ)	170	(テ)	340	(ト)	760

第4章
複 式 簿 記
- Double-entry Bookkeeping -

1 取　　引

　企業は，日々の活動を記録しておかなくてはならない。日々の活動とは，仕入先や得意先と取引を行うことで，その記録を簿記によって記帳しておくことである。簿記とは経済取引を記録することであり，簿記における取引とは資産・負債・資本（純資産）が増減したことである。資産・負債・資本（純資産）の増減がない時は，簿記では取引とはいわない。

　例えば，建物を借りるときに契約をした場合や商品を注文しただけの場合，ビジネスでは「取引が成立した」などと表現するが，簿記上では取引は成立していない。また，商品が盗難にあったり，建物が火災で燃えてしまったりした場合は，日常用語では取引とは言わないが，簿記では取引の扱いとなる。

　簿記上の取引は，収益または費用の発生を伴う取引と，収益または費用の発生を伴わない取引がある。収益または費用の発生を伴う取引を「損益取引」という。また，収益または費用の発生を伴わない取引を「交換取引」といい，貸借対照表の勘定科目だけの取引である。例えば，「備品や建物を現金で購入した」場合や「銀行から現金を借り入れた」場合などは交換取引となる。交換取引と損益取引が混合して発生する取引を「混合取引」という。

　「商品を仕入れ，現金¥50,000を支払った」という取引があった場合は，「商品」という資産項目である勘定科目を借方要素として記入し，金額である¥50,000を資産である商品が増加したとして借方に表示する。貸方側には「現金」という資産項目である勘定科目を用いて貸方要素として資産の減少を記入し，金額である¥50,000が減少したと決定し記録する。

これらの取引には，借方要素である勘定科目1つと貸方要素である勘定科目1つの単純な取引関係を「単純取引」といい，借方もしくは貸方に勘定科目が2つ以上となる「複合取引」とがある。

2 仕　　訳

　簿記上の取引が発生すると，取引を原因と結果の2側面から整理し，記録するために借方要素と貸方要素という2つの要素に分解し，それぞれの要素の勘定科目と金額を決定する。このことを「仕訳」という。

取引 ☞ 仕訳

　簿記システム独特の方法で分解し記帳する原理があり，この分解の原理を理解し，貸借対照表と損益計算書を作成することが簿記の目的である。
　簿記の原理は経済取引を資産，負債，純資産（資本），収益，費用という項目に分解し，5つの取引要素で，借方（左側）と貸方（右側）に勘定科目と金額を記帳することから始める。この場合の取引という用語は，日常用語でいう取引と簿記システム上でいう取引とは区別され，簿記システム上では，資産・負債・純資産（資本）・収益・費用という項目に変化が起きた時のみ取引となる。
　簿記上の取引があった場合は，仕訳の作業を行う。

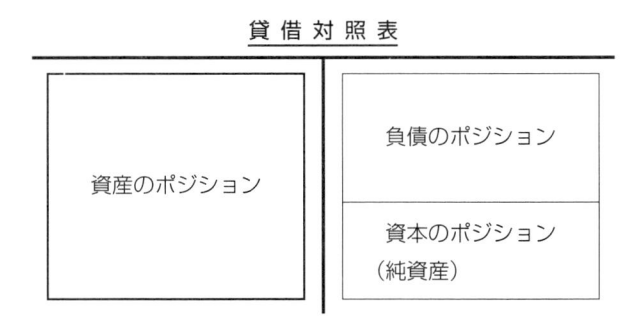

貸 借 対 照 表

資産のポジション	負債のポジション
	資本のポジション（純資産）

　仕訳は，取引を原因と結果の2側面から整理し，借方要素と貸方要素に分解

し，それぞれの要素ごとに勘定科目と金額を決定することをいう。

【取引要素の結合関係】

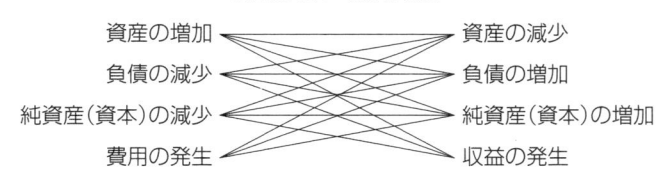

```
資産の増加　━━━━━━　資産の減少
負債の減少　━━━━━━　負債の増加
純資産(資本)の減少　━━━━━━　純資産(資本)の増加
費用の発生　━━━━━━　収益の発生
```

仕訳例【単純取引】

① 現金で商品¥50,000を仕入れた。

 ☞ 資産（商品）の増加と資産（現金）の減少。

仕訳 （借）商　　　　品　　50,000　（貸）現　　　　金　　50,000

② ¥80,000の机を購入し，現金で支払った。

 ☞ 資産（備品）の増加と資産（現金）の減少。

仕訳 （借）備　　　　品　　80,000　（貸）現　　　　金　　80,000

③ 商品¥60,000を仕入れ代金は掛けとした。

 ☞ 資産（商品）の増加と負債（買掛金）の増加。

仕訳 （借）商　　　　品　　60,000　（貸）買　　掛　　金　　60,000

④ 銀行から現金¥100,000を借り入れた。

 ☞ 資産（現金）の増加と負債（借入金）の増加。

仕訳 （借）現　　　　金　　100,000　（貸）借　　入　　金　　100,000

⑤ 給料¥75,000を現金で支払った。

 ☞ 費用（給料）の発生と資産（現金）の減少。

仕訳 （借）給　　　　料　　75,000　（貸）現　　　　金　　75,000

仕訳例【複合取引】

⑥ 仕入れた商品¥50,000（原価）を現金¥80,000で販売した。

 ☞ 資産（現金）の増加と資産（商品）の減少と収益（商品売買益）の発生。

仕訳 （借）現　　　　金　　80,000　（貸）商　　　　品　　50,000
　　　　　　　　　　　　　　　　　　　　商 品 売 買 益　　30,000

⑦　借り入れていた元金￥35,000と利息￥3,000を現金で返済した。
　　　☞　負債（借入金）の減少と費用（支払利息）の発生と資産（現金）の減少。
仕訳　（借）借　　入　　金　　35,000　　（貸）現　　　　　金　　38,000
　　　　　　支　払　利　息　　 3,000

例題1　次の取引を仕訳しなさい。
1　机（備品）￥120,000を買い，代金は現金で支払った。
2　お金を￥300,000銀行から借り入れた。
3　家賃として，現金￥20,000を受け取った。
4　利息として現金￥50,000を受け取った。
5　広告料として現金￥30,000を支払った。
6　電話代として，現金￥70,000を支払った。

解　答

	借　　方	金　　額	貸　　方	金　　額
1	備　　　品	120,000	現　　　金	120,000
2	現　　　金	300,000	借　入　金	300,000
3	現　　　金	20,000	受　取　家　賃	20,000
4	現　　　金	50,000	受　取　利　息	50,000
5	広　告　宣　伝　費	30,000	現　　　金	30,000
6	通　信　費	70,000	現　　　金	70,000

解　説
1　（借）備　　　　品　　120,000　　（貸）現　　　　　金　　120,000
　　借方記帳：机は備品という資産の仲間で，資産の増加であるため借方
　　　　　　　に記帳する。
　　貸方記帳：お金は現金という資産の仲間で，資産の減少は貸方に記帳

2 （借）現　　　　　金　300,000　（貸）借　入　金　300,000
　　借方記帳：お金は現金という資産の仲間で，資産の増加は借方に記帳する。
　　貸方記帳：借り入れた借入金は負債の仲間で，負債の増加は貸方に記帳する。
3 （借）現　　　　　金　 20,000　（貸）受 取 家 賃　 20,000
　　借方記帳：お金は現金という資産の仲間で，資産の増加は借方に記帳する。
　　貸方記帳：受け取った家賃は収益の仲間で，収益の発生は貸方に記帳する。
4 （借）現　　　　　金　 50,000　（貸）受 取 利 息　 50,000
　　借方記帳：お金は現金という資産の仲間で，資産の増加は借方に記帳する。
　　貸方記帳：受け取った利息は収益の仲間で，収益の発生は貸方に記帳する。
5 （借）広 告 宣 伝 費　 30,000　（貸）現　　　　　金　 30,000
　　借方記帳：支払った広告料は広告宣伝費という費用の仲間で，費用の発生は借方に記帳する。
　　貸方記帳：支払ったお金は資産の仲間で，資産の減少は貸方に記帳する。
6 （借）通　信　費　 70,000　（貸）現　　　　　金　 70,000
　　借方記帳：支払った電話代は通信費という費用の仲間で，費用の発生は借方に記帳する。
　　貸方記帳：支払ったお金は資産の仲間で，資産の減少は貸方に記帳する。

練習問題 I

次の取引の仕訳をしなさい。

1　建物を￥230,000で購入し，代金は現金で支払った。
2　商品￥50,000を購入し，代金は現金で支払った。
3　商品￥5,000を購入し，代金は掛けとした。
4　土地を￥100,000で購入し，代金は現金で支払った。
5　給料￥100,000を現金で支払った。
6　商品￥50,000を￥70,000で販売し，代金は現金で受け取った。
7　商品￥30,000を￥45,000で売り渡し，代金は掛けとした。

	借　方	金　額	貸　方	金　額
1				
2				
3				
4				
5				
6				
7				

3 転　　記

■■ 転記の手順

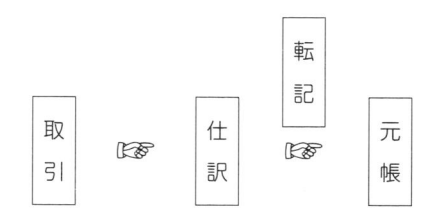

　企業の経済活動である取引をその発生順序に従って仕訳し，記録・計算しただけでは企業の経営成績や財政状態を表す損益計算書・貸借対照表を作成することはできない。仕訳した後は，勘定科目の増減を総勘定元帳の勘定口座を設定して書き移す手続きを行う。この手続きを「転記」という。資産・負債などの具体的区分の単位を「勘定」といい，その名称を「勘定科目」という。この勘定科目別帳簿を「総勘定元帳」といい，略して「元帳」と呼んでいる。

　転記の手続きは，各勘定への増減額または発生額を記入することである。転記は，仕訳で借方に記入した勘定科目の金額を同じ名称の勘定口座の借方に転記する。貸方も同様に，記入した勘定科目の金額を同じ名称の勘定口座の貸方に転記する。まずは，第一段階として下記の手続きを行う。

５月２日　机（備品）¥120,000を買い，代金は現金で支払った。

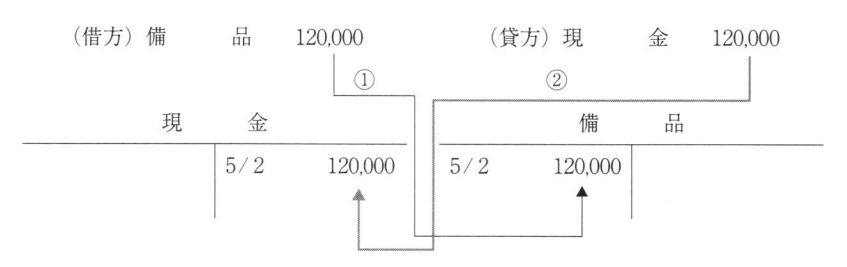

　　　（借方）備　　品　120,000　　　（貸方）現　　金　120,000

現　金	備　品
5/2　120,000	5/2　120,000

1　仕訳の借方の金額を，その勘定口座の借方に記入する…①

2 仕訳の貸方の金額を，その勘定口座の貸方に記入する…②

　元帳転記のルールは，「仕訳の借方（左側）の金額は，元帳の勘定科目の借方（左側）へ」「仕訳の貸方（右側）の金額は，元帳の勘定科目の貸方（右側）へ」という簡単なものである。この機械的な分類作業を「元帳転記」と呼ぶ。

例題2　次の取引を仕訳して，勘定口座（略式）へ転記しなさい。

5月1日　現金¥500,000を元入れして営業を開始した。
　　5日　事務用文房具およびファイルを買い入れ，代金¥6,000は現金で支払った。
　　10日　事務用机を買い入れ，代金¥110,000は現金で支払った。
　　23日　静岡商店から商品¥150,000を掛けで仕入れた。
　　30日　大阪商店へ商品¥80,000（原価¥50,000）を掛けで売り渡した。

解　答

	借　方	金　額	貸　方	金　額
5/1	現　　　金	500,000	元　入　金	500,000
5	消　耗　品　費	6,000	現　　　金	6,000
10	備　　　品	110,000	現　　　金	110,000
23	商　　　品	150,000	買　掛　金	150,000
30	売　掛　金	80,000	商　　　品 商 品 売 買 益	50,000 30,000

```
            現        金                            売 掛 金
5/ 1   500,000  | 5/ 5      6,000      5/30    80,000 |
                |   10    110,000                     |

            備        品                            商        品
5/10   110,000  |                       5/23   150,000 | 5/30   50,000
```

元 入 金		買 掛 金	
	5/1　500,000		5/23　150,000

商品売買益		消 耗 品 費	
	5/30　30,000	5/5　6,000	

　取引が発生した時に各勘定に直接記入すると，記入すべき勘定口座を間違えたり，借方と貸方の記入を間違えたり，借方または貸方の一方のみに記入して他方に記入するのを忘れるといったミスが起きる。

　そこで，勘定口座に記入する前に，取引を取引要素の結合関係に照らして，どの勘定の借方と貸方にそれぞれいくらの金額を記入すべきかを書き表してみる必要がある。これが仕訳である。

練習問題Ⅱ

　次の取引を仕訳して，勘定口座（略式）へ転記しなさい。

9月10日　現金￥300,000を元入れして営業を開始した。

　15日　商品￥100,000を現金で仕入れた。

　18日　原価￥50,000の商品を￥57,000で売り渡し，代金は掛けとした。

　25日　売掛金のうち￥40,000を現金で受け取った。

　30日　給料￥18,000を現金で支払った。

	借　方	金　額	貸　方	金　額
9/10				
15				
18				
25				
30				

現　　金	売　掛　金

元　入　金	商　　品

給　　料	商品売買益

4 試算表の原理

　簿記上の取引があった時には，仕訳を行い総勘定元帳に転記される。その転記が正しく行われたかどうかを確かめるために作成される表を「試算表」(Trial Balance＜略＞T／B）という。

　試算表の機能は，総勘定元帳の勘定記録の正否を確かめることで，企業の資産・負債・純資産（資本）・収益・費用の概要を知ることができ，財務諸表作成のデータとなる。そして，会計期間の途中でも試算表を作ることによって企業の経営成績や財政状態を知ることができる。企業の経営成績を表すものが損益計算書であり，財政状態を表すものが貸借対照表である。

　この試算表の種類は，元帳の借方合計額と貸方合計額を記入する「合計試算表」と，元帳の借方と貸方の金額の差額を書き入れて作成する「残高試算表」がある。そして，この合計と残高をもとに作成する「合計残高試算表」の3種類がある。

　元帳記録の自動検証機能という点では，残高試算表よりも合計残高試算表の方がすぐれているといえる。しかし，試算表が一致したとしても，そこで検証されるのは元帳転記の一応の正確性であって絶対的な正確性ではない。

　この試算表における自動検証機能が成り立つ理由は，仕訳において借方金額

と貸方金額を等しくすることによって，仕訳から元帳の各勘定へ転記したときも元帳の借方合計金額と貸方合計金額は一致する原理によって成り立っているからである。この原理は，個別仕訳をしているときも，これらを転記し合計し直したときにも借方と貸方が一致することであり，これを「貸借平均の原理」という。常に借方（Debit）と貸方（Credit）が等しくなるという原理によって，帳簿組織は成り立っている。

ゆえに，複式簿記（double‐entry bookkeeping）は，この貸借平均の原理に基づいて帳簿組織が体系的（systematic）に出来上がっているのである。

■ 試算表の作成

試算表の科目欄には，資産・負債・純資産（資本）・収益・費用の順に各勘定科目を記入して，元帳欄には，元帳の勘定口座番号を記入する。この試算表の種類には，合計試算表・残高試算表・合計残高試算表の3つがある。試算表は，期末には必ず作成するが，毎日，毎週末，毎月末などに作成することもある。

合計試算表の各勘定の借方・貸方合計金額を合計欄に記入し，借方欄の金額と貸方欄の金額を合計し一致することを確かめて，合計額を記入する。

残高試算表は，各勘定の借方・貸方の差額の多い方を記入し，最後に借方欄と貸方欄を合計して一致させる。

合計残高試算表は，合計試算表と残高試算表をまとめて作成したもので，合計欄の貸借を一致させて，その後に残高欄の貸借を一致させる。合計欄の貸借を一致させた金額は，今までの仕訳帳の外部取引を仕訳した合計と一致していることを確認することができる。

取引　→　仕訳　→　元帳転記　→　試算表作成　という一連の手続きの流れを確認することによって，試算表の役割を理解することができる。

例題3 次の総勘定元帳から合計残高試算表を作成しなさい。

```
        現       金        1              売  掛  金         2
5/1   500,000 │ 5/5     6,000    5/30   80,000 │
               │  10   110,000

        備       品        4              商      品         3
5/10  110,000 │                  5/23  150,000 │ 5/30   50,000

        元  入  金         6              買  掛  金         5
               │ 5/1   500,000                  │ 5/23  150,000

        消  耗  品  費     8              商 品 売 買 益     7
5/5     6,000 │                                 │ 5/30   30,000
```

解 答

合 計 残 高 試 算 表
平成　年　月　日

借　　方		元丁	勘　定　科　目	貸　　方	
残　高	合　計			合　計	残　高
384,000	500,000	1	現　　　　　金	116,000	
80,000	80,000	2	売　　掛　　金		
100,000	150,000	3	商　　　　　品	50,000	
110,000	110,000	4	備　　　　　品		
		5	買　　掛　　金	150,000	150,000
		6	元　　入　　金	500,000	500,000
		7	商　品　売　買　益	30,000	30,000
6,000	6,000	8	消　耗　品　費		
680,000	846,000			846,000	680,000

練習問題Ⅲ

次の総勘定元帳から合計残高試算表を作成しなさい。

現　　金	1		売　掛　金	2
200,000	80,000		130,000	170,000
170,000	60,000		210,000	

備　　品	3		買　掛　金	4
150,000	110,000		80,000	150,000
240,000	80,000			240,000

元　入　金	5		商品売買益	6
	300,000			20,000
				30,000

消耗品費	7
60,000	

合計残高試算表

平成　年　月　日

借　　方		元丁	勘定科目	貸　　方	
残　高	合　計			合　計	残　高

5 精算表の役割

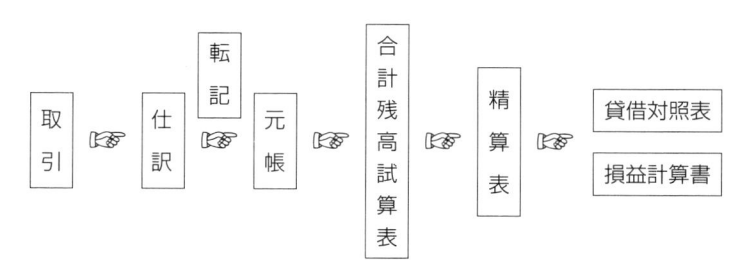

取引 ☞ 仕訳 ☞ 元帳 ☞ 合計残高試算表 ☞ 精算表 ☞ 貸借対照表／損益計算書

残高試算表の仕組みを等式で表すと，下記のようになる。

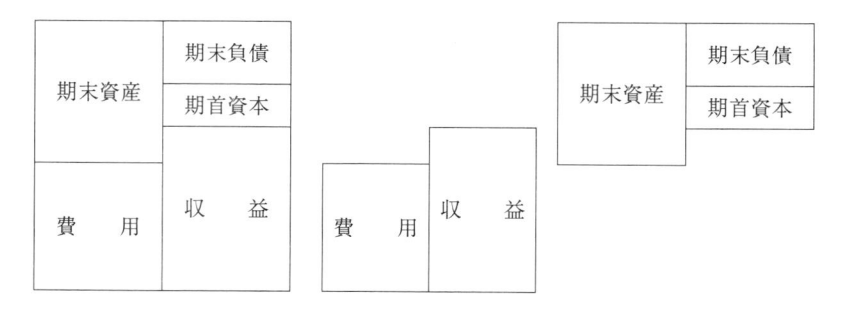

> 期末資産＋費用＝期末負債＋期首資本＋収益

残高試算表を分断すると，損益計算書と貸借対照表が作成され各表の段差の部分が当期純利益を示すことになり，金額が一致する。貸借対照表と損益計算書の当期純利益が貸借反対側に記入される理由がここにある。

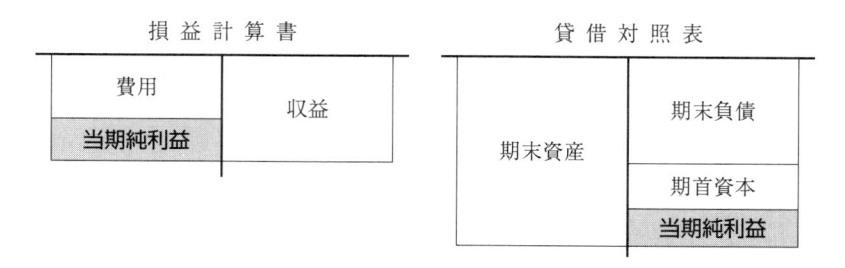

第4章 複式簿記

例題4 次の総勘定元帳の残高から，精算表を作成しなさい。

現　　　金 ¥120,000	売　掛　金 ¥260,000	商　　　品 ¥230,000
備　　　品 ¥ 60,000	買　掛　金 ¥250,000	元　入　金 ¥300,000
商品売買益 ¥180,000	給　　　料 ¥ 50,000	支払利息 ¥ 10,000

解　答

精　算　表

勘定科目	残高試算表 借方	残高試算表 貸方	損益計算書 借方	損益計算書 貸方	貸借対照表 借方	貸借対照表 貸方
現　　金	120,000				120,000	
売　掛　金	260,000				260,000	
商　　品	230,000				230,000	
備　　品	60,000				60,000	
買　掛　金		250,000				250,000
元　入　金		300,000				300,000
商品売買益		180,000		180,000		
給　　料	50,000		50,000			
支払利息	10,000		10,000			
当期純利益			120,000			120,000
	730,000	730,000	180,000	180,000	670,000	670,000

資産・負債・純資産 / 収益・費用

総勘定元帳残高を記入　　収益－費用の残高　　期首純資産

損益計算書

費　用	金　額	収　益	金　額
給　　料	50,000	商品売買益	180,000
支払利息	10,000		
当期純利益	120,000		
	180,000		180,000

貸借対照表

資　産	金　額	負債資本	金　額
現　　金	120,000	買　掛　金	250,000
売　掛　金	260,000	元　入　金	300,000
商　　品	230,000	当期純利益	120,000
備　　品	60,000		
	670,000		670,000

練習問題Ⅳ

次の総勘定元帳から合計残高試算表を作成しなさい。

現	金	1
500,000	120,000	
73,000	200,000	
300,000	3,000	
41,000	37,000	
50,000	2,000	
	65,000	
	24,000	

売	掛	金	2
100,000	50,000		
98,000			

商	品	3
250,000	150,000
	80,000

備	品	4
120,000	

買	掛	金	5
200,000	250,000		

借	入	金	6
	300,000		

元	入	金	7
	500,000		

商品売買益	8
	23,000
	18,000

受取手数料	9
	41,000

給	料	10
65,000		

旅費交通費	11
3,000	
2,000	

雑	費	12
37,000		

支 払 利 息	13
24,000	

合計残高試算表

平成　年　月　日

借方		元丁	勘定科目	貸方	
残高	合計			合計	残高

精算表

勘定科目	残高試算表		損益計算書		貸借対照表	
	借方	貸方	借方	貸方	借方	貸方

貸借対照表

資　産	金　額	負債・資本	金　額

損益計算書

費　用	金　額	収　益	金　額

第4章 複式簿記

【練習問題解答】

練習問題 I

	借 方	金 額	貸 方	金 額
1	建　　　物	230,000	現　　　金	230,000
2	商　　　品	50,000	現　　　金	50,000
3	商　　　品	5,000	買　掛　金	5,000
4	土　　　地	100,000	現　　　金	100,000
5	給　　　料	100,000	現　　　金	100,000
6	現　　　金	70,000	商　　　品 商品売買益	50,000 20,000
7	売　掛　金	45,000	商　　　品 商品売買益	30,000 15,000

練習問題 II

	借 方	金 額	貸 方	金 額
9/10	現　　　金	300,000	元　入　金	300,000
15	商　　　品	100,000	現　　　金	100,000
18	売　掛　金	57,000	商　　　品 商品売買益	50,000 7,000
25	現　　　金	40,000	売　掛　金	40,000
30	給　　　料	18,000	現　　　金	18,000

現　金			
9/10	300,000	9/15	100,000
9/25	40,000	9/30	18,000

売　掛　金			
9/18	57,000	9/25	40,000

元　入　金			
		9/10	300,000

商　品			
9/15	100,000	9/18	50,000

給　料			
9/30	18,000		

商品売買益			
		9/18	7,000

練習問題Ⅲ

合計残高試算表

平成　年　月　日

借方残高	借方合計	元丁	勘定科目	貸方合計	貸方残高
230,000	370,000	1	現　　　　金	140,000	
170,000	340,000	2	売　　掛　　金	170,000	
200,000	390,000	3	備　　　　品	190,000	
	80,000	4	買　　掛　　金	390,000	310,000
		5	元　　入　　金	300,000	300,000
		6	商品売買益	50,000	50,000
60,000	60,000	7	消　耗　品　費		
660,000	1,240,000			1,240,000	660,000

練習問題Ⅳ

合計残高試算表

平成　年　月　日

借方残高	借方合計	元丁	勘定科目	貸方合計	貸方残高
513,000	964,000	1	現　　　　金	451,000	
148,000	198,000	2	売　　掛　　金	50,000	
20,000	250,000	3	商　　　　品	230,000	
120,000	120,000	4	備　　　　品		
	200,000	5	買　　掛　　金	250,000	50,000
		6	借　　入　　金	300,000	300,000
		7	元　　入　　金	500,000	500,000
		8	商品売買益	41,000	41,000
		9	受取手数料	41,000	41,000
65,000	65,000	10	給　　　　料		
5,000	5,000	11	旅　費　交　通　費		
37,000	37,000	12	雑　　　　費		
24,000	24,000	13	支　払　利　息		
932,000	1,863,000			1,863,000	932,000

第4章　複式簿記

精　算　表

勘定科目	残高試算表 借方	残高試算表 貸方	損益計算書 借方	損益計算書 貸方	貸借対照表 借方	貸借対照表 貸方
現　　　金	513,000				513,000	
売　掛　金	148,000				148,000	
商　　　品	20,000				20,000	
備　　　品	120,000				120,000	
買　掛　金		50,000				50,000
借　入　金		300,000				300,000
元　入　金		500,000				500,000
商品売買益		41,000		41,000		
受取手数料		41,000		41,000		
給　　　料	65,000		65,000			
旅費交通費	5,000		5,000			
雑　　　費	37,000		37,000			
支払利息	24,000		24,000			
当期純損失				49,000	49,000	
	932,000	932,000	131,000	131,000	850,000	850,000

貸　借　対　照　表

資　産	金　額	負債・資本	金　額
現　　　金	513,000	買　掛　金	50,000
売　掛　金	148,000	借　入　金	300,000
商　　　品	20,000	元　入　金	500,000
備　　　品	120,000		
当期純損失	49,000		
	850,000		850,000

損　益　計　算　書

費　用	金　額	収　益	金　額
給　　　料	65,000	商品売買益	41,000
旅費交通費	5,000	受取手数料	41,000
雑　　　費	37,000	当期純損失	49,000
支払利息	24,000		
	131,000		131,000

第5章

財務諸表
- Financial Statement -

1 貸借対照表

　貸借対照表は，企業の一定時点の資産・負債・純資産（資本）を測定し財政状態を明らかにした計算書である。貸借対照表の構成については，資産・負債・資本（純資産）の3区分の関係性で理解できる。

貸借対照表

資金の運用	資産	流動資産	負債	流動負債	他人資本	資金の調達
		固定資産		固定負債		
			純資産	株主資本	自己資本	
				評価換算差額		
		繰延資産		新株予約権		

　また，貸借対照表をファイナンス的に表現すると負債と純資産（資本）を資金の調達として，企業がどのようにして資金を集めたのかという見方ができる。具体的には，銀行から借り入れたお金は，調達した資金といえる。純資産は，株主から出資されたことにより調達した資金である。
　企業が，調達した資金を用いて仕入れを行ったり，設備や車両などに投資を行ったりしたものなど，「資金の運用」に当たるものが資産の部に表示される。

■ 資　　産

　資産の構造は，流動資産と固定資産の2区分に分けられる。この分類基準は，正常営業循環基準と1年基準（ワン・イヤー・ルール）の2つがある。まずは，正常営業循環基準により流動資産と固定資産の分類が行われ，固定資産に分類されたものに対して，1年基準が適用される。

【資産の分類】
貸借対照表

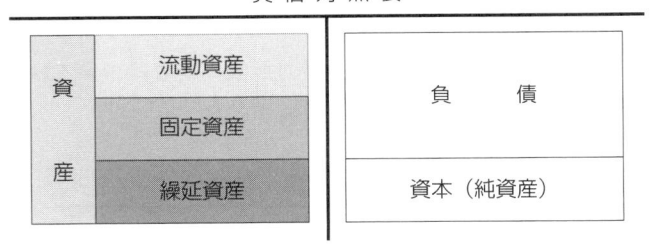

資産	流動資産	負　　債
	固定資産	
	繰延資産	資本（純資産）

　正常営業循環基準とは，商品を仕入れ，それを販売することにより売掛金や手形を受け取り，最終的には当座預金や現金で代金回収し，その代金を仕入金額に回すことをいう。

【正常営業循環】

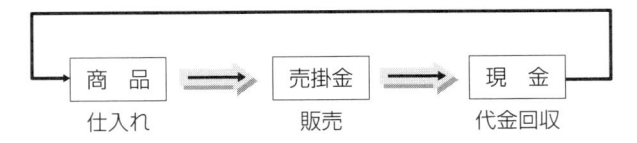

商品（仕入れ） ⇒ 売掛金（販売） ⇒ 現金（代金回収）

　もう一つの分類方法は，決算日から数えて1年以内に現金化される資産を流動資産といい，1年を超えて保有する資産を固定資産という。資産が正常営業循環基準を満たすかどうかで流動資産に分類されるが，正常営業循環基準を満たさなかった場合でも，1年基準を満たすことにより流動資産となる。営業取引以外の取引により生じる資産には，この1年基準が適用される。
　例えば，1年以内に返済を受ける予定で期限が到来する貸付金は，短期貸付

金といい流動資産に分類される。1年以内に期限が到来しない貸付金は、長期貸付金といい固定資産となる。

(1) 流動資産の種類

流動資産は、「当座資産」「棚卸資産」「その他の流動資産」の3つに分けられるが、この分類は貸借対照表には表示されない。

① 当座資産

当座資産は、現金や預金などの現金化することが容易なものである。

現　金・預　金	現金（キャッシュ）、当座預金、普通預金、通知預金、定期預金 etc
売買目的有価証券	一時保有している株券や社債・国債・公債などで、長期投資目的のために保有している株券や社債券などとは区別される。売買のための専門部署を持っていてそれを業として行うような会社が短期保有する有価証券のこと。そして、その評価は時価で行われる。
満期保有目的債券	社債などのように、会社が満期まで長期保有することを目的として取得した1年以内に満期が到来する債券。この債券は、上場されていて時価があっても例外的に帳簿価格のままで計上される。
受　取　手　形	手形には約束手形や為替手形などがあるが、それらの手形を受け取った場合などの立場になったときの勘定科目。手形の方が、換金性が高いので、表示の時には売掛金の上に表示される。
売　　掛　　金	商品を売り上げたときに、まだ受け取っていない未収分で、現金でまだ回収されていない債権。

② 棚卸資産

棚　卸　資　産	卸売業や小売業などの商業では商品という勘定科目で、製造業では製品・原材料・仕掛品・商品などの勘定科目を指す。

③ その他の流動資産

前　　払　　金	先渡しした金額のうち、商品や材料代金の一部分の前渡分。
仮　　払　　金	商品や材料以外なら仮払金を使う。
前　払　費　用	賃借料などの継続的な契約に基づくもの。
短　期　貸　付　金	1年以内に返済を受ける予定の貸付金。

現　金

　現金勘定には，通貨および通貨代用証券が含まれている。通貨代用証券とは，他人振り出しの小切手や送金小切手・郵便為替証書・株式配当金領収書・支払期日到来の公社債利札などがある。

　現金勘定や通貨，通貨代用証券は，抽象的に表現されているが，具体的には一万円札紙幣や五百円硬貨である。

　会計学は，現場で起こっている具体的な取引を帳簿に記帳するが，それを処理するときには抽象的な勘定科目で処理される。すなわち，会計の学習とは，具体的なモノを抽象的に捉え処理することで，抽象的に整理されたものを具体的な意思決定や行動に替えて行くプロセスなのである。

【会計学の学習プロセス】

| 現金勘定
↓
通貨→紙幣
　　　硬貨
通貨代用証券 | 抽象的 ⇔ 具体的
学習（Learning） | ・一万円札・五千円札・千円札
・五百円・百円など
小切手・郵便為替証書
株式配当金領収書
公社債利札　など |

　会計学の学習プロセスは，具体的な一万円や小切手などによって取引されたモノを，貸借平均の原則により抽象的な勘定科目によって財務諸表にまとめ上げることである。会計学の学習は，抽象的な概念で一般論を教えられるが，その時には具体的なモノがどのように移動しているのかを考えながら学ぶことが重要になってくる。

(2)　固定資産の種類

　固定資産は「有形固定資産」「無形固定資産」「投資その他の資産」の3つに分けられる。

① 有形固定資産

形のある財産で，建物，機械装置，車両運搬具，土地，建設仮勘定などの勘定科目。建設仮勘定は，建物などの建設途上で，出来上がるまでに支出している金額の勘定科目。

② 無形固定資産

形のない財産で，固定資産のうち使用するために持っているものである。その中で法律上の権利のあるもので，特許権，商標権，借地権，意匠権，実用新案権，ソフトウェア，鉱業権，インターネットドメイン名，ソフトウェア仮勘定やフランチャイズ権などの権利である。法律上の権利のないものは，のれん（営業権）がある。

無形資産には，知的財産が含まれている。知的財産は特許法により特許権として出願から20年（一部25年に延長）保護されている。

・特許権（特許法）・実用新案権（実用新案法）・意匠権（意匠法）
・著作権（著作権法）・商標権（商標法）
・技術上，営業上の情報に対しての営業秘密（不正競争防止法）
・商号（会社法・商法）・商品等表示，商品形態（不正競争防止法）

(3) 繰延資産の種類

繰延資産は，資産としての価値はないが，臨時で巨額の支出や災害による損失を一時的に資産計上して，その後に期間償却していくものである。繰延資産の区分は，本来費用であるので，換金や譲度することはできないものである。支出した年度に費用にするか，繰延資産にするかは企業の選択に任されている。

創 立 費	会社を設立するために支出した費用。
開 業 費	会社設立後から営業開始までに支出した開業費。
開 発 費	新技術や新組織の採用・資源の開発・市場の開拓・設備の大規模な配置換えで支出した費用。
株式交付費	会社設立後の新株発行や自己株式処分のために支出した費用。

| 社債発行費等 | 社債発行のために支出した費用。
社債募集の広告費・金融機関の手数料。 |

■ 負　　債

　負債の構造は，流動負債と固定負債の2区分に分けられる。この分類基準は，流動資産と固定資産と同じように正常営業循環基準と1年基準（ワン・イヤー・ルール）の2つである。まずは，正常営業循環基準により流動負債と固定負債の分類が行われ，固定負債は，今年1年間の間に返済しなくてもよいものとなる。

【負債の分類】
貸借対照表

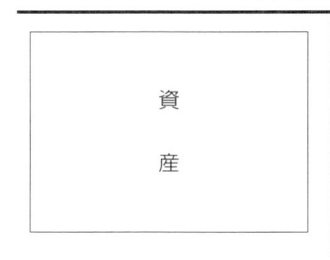

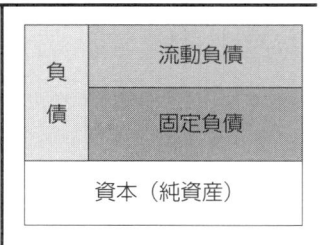

資産	負債	流動負債
		固定負債
	資本（純資産）	

(1) 流動負債の種類

① 正常営業循環基準が適用されている勘定科目

| 支払手形 | 商品などの仕入代金の支払いを証書で約束したもの。期日が明確で，支払い義務という拘束力も高いため，通常一番上に表示される。 |
| 買掛金 | 商品を仕入れた際に後払いになっている債務の金額。 |

② 1年基準（ワン・イヤー・ルール）が適用される勘定科目

短期借入金	1年以内に返済すべき借金。運転資金のために金融機関などから調達したものが多い。
未払金	商品・原材料以外の物品購入などの未払いになっている金額。
未払費用	継続的な契約に基づいて発生する未払い分。
賞与引当金	翌期に支払うボーナスのうち，当期の負担分。

| 預り金 | 源泉所得税や社会保険料などの給与からの天引き分で，会社が一時的に預かっており，まだ納付していない金額。 |

(2) 固定負債の種類

長期借入金	1年超の期間にわたって返済すればよい借入金で，設備投資などにはこの長期借入金を当てるのが原則である。		
社　債	投資家からの借入れで，直接金融といわれる借入れの方法である。株式と違って返済期日が明確で金利も確定している長期の負債である。		
引当金	引当金とは，将来に発生する可能性のある支払い義務であって，その原因が当期以前にあるものである。 引当金には，下記のものがある。		
^^		修繕引当金	機械などの設備投資した固定資産の定期的な修繕時の支払いに備えて設定するもの。
^^		賞与引当金	従業員の賞与（ボーナス）の支払いに備えて設定するもの。
^^		製品保証引当金	販売した商品が故障したときに，無料で修理する約束をした場合に設定したもの。
^^		特別修繕引当金	大型の設備に対して大規模で定期的な修繕時の支払いに備えて設定するもの。
^^		退職給付引当金	退職金は毎期積み重ねて将来の退職時に支払われるものなので，これを見積もり，一定率を退職金の積立てとして設定したもの。

■■ 資　本（純資産）

(1) 純資産の意義

　個人事業主の資本金は，税法では「元入金」という勘定科目を使用している。これは，会社会計の資本金とは区別している。

貸借対照表
平成〇年1月1日

借　方	貸　方
現　金　　50万	元入金　　　50万

貸借対照表
平成〇年1月31日

借　方	貸　方
車　両　　200万	借入金　　　150万
	元入金　　　　50万

　そこで，資本という概念を理解するために期首の貸借対照表を示し，元入金を50万円出資して商売を始めた場合を左の貸借対照表で示してみる。

　そして，1年間で車だけを買ったとした時には，借方の資産には車両の200万円を記載し，貸方の負債には借入金として150万円と元入金50万円を記載し，貸借が一致する。

　すなわち，車両の200万円の資産のうち個人事業主の持分が50万円であることを示すものが元入金である。

　負債と純資産（資本）は，資金の調達理由を示し，資産は運用方法を示していることになる。

　株式会社の純資産は，資産と負債の差額として求められる（純資産＝資産－負債）。純資産は，基本的には株主の持分を表しており，資本ともいわれる。株式会社の貸借対照表は，個別貸借対照表と連結貸借対照表があり，純資産の部は個別と連結では若干異なっている。

　株式会社の純資産の中の株主資本の資本金については，1982年（昭和57年）から導入された既存の上場会社の額面金額5万円に相当する株式数または会社の定款で別に定める株式数を1単位（ただし，1単位当たりの純資産の合計が5万円以上）とすることが義務付けられていた。

【資本（純資産）の分類】
貸借対照表

資　産	負債	他人資本
	純資産：株主資本	自己資本
	評価・換算差額等	
	新株予約権	

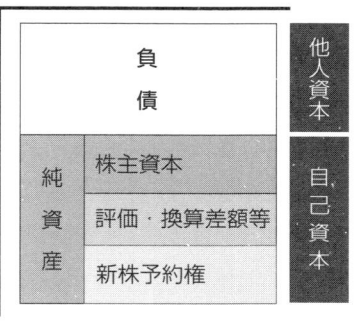

　この単元株制度が廃止され，2001年（平成13年）の商法改正で，1売買単位を会社が自由に決めることができる新単元株制度が導入された。旧単元株制度とは，会社が定款で一定数の株式（1,000株@¥50額面：100株@¥500額面）を1単元の株式と定め，1単元の株式数に相当する。すなわち，旧単元株制度の額面株式が廃止され，新株発行後の1株当たり純資産額は5万円以上でなければならないなどの規制の撤廃が行われ，企業は株式の発行価額を自由に決定できるようになった。

　新単元株制度のもとでは，会社は定款で一定の株式数を1単元とする旨を定めることができる。ただし，1単元の株式の数は，1,000株を超えることはできず，また，会社が数種の株式を発行する場合においては，それぞれの株式の種類ごとに単元株数について定めなければならない。これにより，会社にとって売買単位の引下げが容易となるとともに，個人投資家にとって株式投資に参加しやすくなった。

(2) 純資産（資本）の分類

　純資産の部は，「株主資本」「評価・換算差額等」「新株予約権」の3つに分類される。

> Ⅰ 株主資本
>   1 資本金
>   2 資本剰余金
>   ⅰ 資本準備金
>   ⅱ その他資本剰余金
>   3 利益剰余金
>   ⅰ 利益準備金
>   ⅱ その他利益剰余金
>   a 任意積立金
>   b 繰越利益剰余金
>   4 自己株式
> Ⅱ 評価・換算差額等
>   1 その他有価証券評価差額金
>   2 繰延ヘッジ損益
>   3 土地再評価差額金
>   4 為替換算調整勘定※
> Ⅲ 新株予約権
> Ⅳ 少数株主持分※
>   ※為替換算調整勘定と少数株主持分は連結の場合にのみ現れる項目である。

① **株主資本**

株主資本とは、株主が出資した部分と事業活動による儲けからでる利益に関係する勘定科目で構成されている。これは、拠出資本と剰余金に区分される。拠出資本とは、払込資本といい株主から払い込まれた資本であり、「資本金」として表示される。

「資本剰余金」のうちの資本準備金は、株主からの出資金のうち資本金としなかった残りの金額で、会社法の定めにより出資金の2分の1を超えない額である。そして、その他資本剰余金から配当を行った場合に配当によって減少す

るその他資本剰余金の額のうち，その10分の１の額を強制的に積み立てられた部分である。

「自己株式」は，すでに自社が発行している株式を取得し，保有し続けている株式のことである。一般的には金庫株とも呼ばれている。この自己株式は，株主に対する払戻しで，株主資本の金額を減少させる科目であり控除形式で表示される。旧商法では，自己株式の取得を，資本の空洞化，株価操作に利用され得るなどの理由で原則的に禁止していたが，平成13年６月の商法改正により自己株式の取得が認められることとなった。これによると，定時株主総会の決議によって，配当可能利益限度額さらには株主総会の決議により減少した資本金と法定準備金の範囲内で，次の定時総会の終結時までに自己株式を取得することができる。なお，この時には，自己株式の種類，総数および取得価額の総額を定めておかなければならない。

「利益剰余金」は，利益準備金とその他利益剰余金から構成される。利益準備金は，その他の利益剰余金の額のうち，その10分の１の額が強制的に積み立てられた部分である。その他利益剰余金は，任意積立金と繰越利益剰余金から構成されている。

会社法は，資本準備金と利益準備金の合計額を資本の４分の１に達するまで積み立てることを要求している。この資本準備金と利益準備金は，法定準備金といわれる。資本がこのように分類されているのは，企業が株主に対して支払う配当の基となる配当原資を明らかにするためである。無理な配当によって財務基盤が損なわれないように会社法で配当を制限している。剰余金分配規制については，純資産が300万円未満の場合には剰余金分配を禁止するものとしており，会社債権者を株主よりも優先して保護する趣旨を守っている。基本的には株式会社は一定の自己資本を保有すべきものであると考えている。資本は，債権者保護の立場からしても確保すべきものである。債権者にとっては，純資産は弁済のための担保でもあり，資本は常に保有すべきものとして資本制度が成り立っているといえる。

② 評価・換算差額等

　純資産の部における評価・換算差額等は，資産や負債の取得原価と時価との評価差額が含まれる。取得原価と時価との評価差額を損益計算書の損益に計上する場合としない場合がある。損益に計上しない場合は，貸借対照表の純資産の部の評価・換算差額等の区分に表示させる。

　この評価差額は，株主から払い込まれたものでもなく，損益でもないために，株主に帰属するかどうかは理論的には明確ではない。そのために，株主資本とは区分して表示されている。例えば，流動資産の部に表示される売買目的有価証券の評価差額は，損益計算書の損益とされる。しかし，固定資産の投資有価証券として表示される，その他の有価証券の評価差額は貸借対照表の評価・換算差額等に表示される。

　ある会社が，投資有価証券を保有している場合，取得原価が３万円で当期末に５万円であった。この場合は，取得原価と時価の差額２万円が有価証券の評価差額になり，税効果会計の対象となる。法定実効税率を40％と仮定すると，繰延税金負債として８千円（２万円×40％）計上され，その他の有価証券評価差額として１万２千円（２万円×60％）と表示される。

　　（借）投資有価証券　20,000　　（貸）繰延税金負債　　8,000
　　　　　　　　　　　　　　　　　　　　有価証券評価差額　12,000

③ 新株予約権

　新株予約権は，将来株主になるであろう人々の払込額であるために，株主資本からは区別される。新株予約権の保有者側からみると，会社から一定の価格で新株を発行してもらうことができる権利のことであり，会社側からみるとその保有者に対して一定の価格で新株を発行しなくてはならないものである。例えば，新株予約権付社債（※）は，その保有者が前もって決められた金額を払い込んで新株式を引き受ける権利が付与された社債である。

　新株予約権の例としては，会社が役員や従業員などに対して報酬の一部として発行するストック・オプションがある。ストック・オプションとは，あらかじめ決められた価額（権利行使価格）で一定期間（権利行使期間）内に自社株式

の購入を選択できる権利のことをいう。

> ※ この新株予約権付社債や転換社債などは，普通社債に新株予約権または転換権を付加して社債投資の魅力を高め，企業の資金調達を促進するのに役立っている。新株発行の可能性がある点や普通社債より低い表面金利で発行できる点で自己資本の充実にも役立つ利点がある。

(3) **株主資本・自己資本・純資産**

　2006年（平成18年）5月の会社法施行や新会計基準の適用により，貸借対照表の資本の区分が変わり，新しい貸借対照表では，従来は同じ内容・数値を指していた「株主資本」と「純資産」が別々の概念として組み替えられた。

　新しい株主資本は，従来の株主資本（＝純資産）に比べ，限定された小さい部分を意味し，新しい純資産は，対象項目が増えて，従来の純資産（＝株主資本）より広い範囲を指す。従来の株主資本の範囲を指す用語は，会計基準や会社法からなくなった。

貸借対照表

資産	負債		日本経済新聞社の見解		
	資本金	3,246	株主資本	自己資本	純資産
	資本剰余金	4,980			
	利益剰余金	543			
	自己資本	▲ 19	8,750		
	評価・換算差額等	945		9,695	
	少数株主持分	1,912			11,607

　2007年6月6日の日本経済新聞は，「株主資本比率」の表記を今後は原則として「自己資本比率」とするとしている。指標の連続性を維持しつつ，会計基準や法律の変更に対応するのが狙いであった。

　東京証券取引所も従来の株主資本（＝純資産）にほぼ相当する「自己資本」

という概念を打ち出し，2006年5月期から決算短信で採用している。上場企業も決算短信に，「自己資本比率」の用語で記載している。

■■ 貸借対照表を読む

貸借対照表を会計的に読むとは，株主重視の立場から読むことであり，最終的に処分することのできる権利がある財産の状況（資産と負債と純資産）を見ることである。また，ファイナンス的に読むとは，企業実態を重視する立場から読むことであり，資金の調達と運用が表現されていると見ることである。

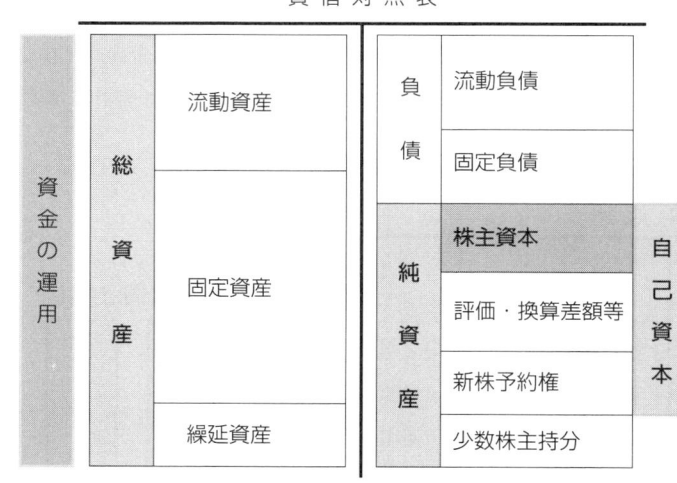

貸借対照表

資金の運用	総資産	流動資産	負債	流動負債	自己資本	総資産	資金の調達
				固定負債			
		固定資産	純資産	株主資本			
				評価・換算差額等			
				新株予約権			
		繰延資産		少数株主持分			

貸借対照表は，会社の財政状態を表現しているものであり，会社の財務安全性や支払能力を判定することができる。そのためには，自己資本比率や株主資本比率，負債比率，流動比率，当座比率，固定比率，固定長期適合率などを用いることができる。

(1) 自己資本比率

貸借対照表の貸方は，負債と純資産で構成されているが，この負債は，銀行

などの株主以外の外部から調達した資金であり,これを他人資本と呼ぶことがある。これに対して,株主から調達した資金などを自己資本と呼ぶ。

2006年（平成18年）5月の会社法施行や新会計基準の適用により,貸借対照表の資本の区分が変わり,自己資本と純資産,株主資本がそれぞれに違った用語となったために,自己資本利率も純資産比率と株主資本比率も具体的な数字が変わることになった。

$$\text{自己資本比率} = \frac{\text{自己資本}}{\text{総資本}} \times 100\,(\%)$$

「自己資本」は,純資産からⅣ少数株主持分を差し引いた金額であり,Ⅰ株主資本,Ⅱ評価・換算差額等,Ⅲ新株予約権の合計額となる。

(2) 純資産比率

「純資産」は,Ⅰ株主資本,Ⅱ評価・換算差額等,Ⅲ新株予約権およびⅣ（少数株主持分）の合計額である。すなわち,総資本から負債を差し引いた金額なのである。

$$\text{純資産比率} = \frac{\text{純資産}}{\text{総資本}} \times 100\,(\%)$$

(3) 株主資本比率

「株主資本比率」は,表示のままで企業の安全性を見る指標である。これは,総資本に占める株主資本の割合である。総資本は,貸借対照表の合計であり,総資産と同じ金額である。そして,株主資本とは,資本金,資本剰余金,利益剰余金,自己株式の合計である。

$$\text{株主資本比率} = \frac{\text{株主資本}}{\text{総資本}} \times 100\,(\%)$$

株主資本比率は,高ければ高いほど健全性を示す指標である。株主資本比率は,業界によって違っている。医薬業界は,株主資本比率は高くなっており,情報・通信業界も高い方である。低い業界は,金融業界や現在は不動産業などが低くなっている。

(4) 流動比率

流動比率は,1年以内に支払いが必要となる流動負債を,1年以内に現金化できる流動資産でどの程度まかなえるかを見るもので,会社の短期的な支払能力をつかむ代表的な指標である。流動比率は,流動負債に対する流動資産の割合を示しており,次の式で算出する。

$$流動比率 = \frac{流動資産}{流動負債} \times 100 (\%)$$

例えば,流動比率とは,今年1年以内に返さなくてはならない負債が,100万円あるとしたら流動資産として200万円ぐらいは持っておいた方がよいという指標だと考えるとわかりやすい。この比率は,銀行が貸付先の信用能力を把握するときに使われる指標であり,200％以上が望ましいとされている。ただし,200％を判断基準にするのではないが,同業他社と比べた場合に高い方が支払能力はあるといえる。ただし,流動比率が100％を割り込んでいるときは相当の注意を要する数値である。しかし,この比率は,極めて大まかなものであるから,業種や取引条件・取引先によってかなり変わってくる。

この比率は,棚卸資産を多く持っていると支払能力が変わってくる。そのために,棚卸資産を流動資産から外して当座資産として分子の流動資産を当座資産に変えて,当座比率を算出する場合もある。このときには,当座比率は,110％以上が理想とされている。

流動比率が非常に高い時には,キャッシュ・リッチで今までの利益が流動資産に回り株主の配当金として回っていなかったことの証となる。

(5) 固定比率

　固定比率は，自己資本に対する固定資産の割合を示している。長期に渡って使用する土地・建物・機械設備などの固定資産への投資が，負債に依存しないで自己資本の範囲内で行われているかを見るもので，投資資金の安全性をつかむ指標である。

　例えば，個人が5,000万円のマンションを購入したときに，自己資本5,000万円で借入無しで買ったときよりも，1億円あるときに買ったときの方が安定していることになる。すなわち，自己資本5,000万円のときに5,000万円のマンションを買ったときの固定比率は100％であるが，1億円の自己資本のときは50％の固定資産比率になる。この比率は，低い方が安定性は高いことになる。

$$\text{固定比率} = \frac{\text{固定資産}}{\text{株主資本}} \times 100\,(\%)$$

　ただし，この比率は低い方が安定性は高いといっても，固定資産投資に消極的になれという意味ではない。固定資産を買うときには，自己資本で買うことが基本であることを示している。固定比率が，100％以上であるということは，固定資産投資が借入依存しているということになる。

(6) 固定長期適合率

　固定資産投資に借入依存があるときには，固定長期適合率を見なくてはならない。固定長期適合率は，固定資産と資本・固定負債の合計との割合である。この比率は，100％を超えてはならない。100％以上であるということは，固定資産の投資が流動負債に依存していることを意味し，安全性の面からいうと大変不健全な状態であるということを意味している。

$$\text{固定長期適合率} = \frac{\text{固定資産}}{(\text{株主資本}＋\text{固定負債})} \times 100\,(\%)$$

練習問題 I

次の表を見て、それぞれの率を求めなさい。そして、前期と当期を比較して当期の評価をしなさい。

貸借対照表(前期)

流動資産			流動負債		
現金預金		200	買掛金		1,400
売掛金		1,200	短期借入金		600
商品		700	固定負債		
固定資産			長期借入金		400
建物		1,000	資本(純資産)		
土地		900	資本金		1,000
			利益剰余金		300
			当期純利益		300
		4,000			4,000

貸借対照表(当期)

流動資産			流動負債		
現金預金		300	買掛金		1,700
売掛金		1,300	短期借入金		800
商品		900	固定負債		
固定資産			長期借入金		700
建物		1,300	資本(純資産)		
土地		1,200	資本金		1,000
			利益剰余金		470
			当期純利益		330
		5,000			5,000

	前期	当期
流動資産		
固定資産		
総資産		
流動負債		
固定負債		
資本(純資産)		
総資本		
自己資本比率	%	%
流動比率	%	%
固定比率	%	%
固定長期適合率	%	%

2 損益計算書

　損益計算書の本質を捉えるためには，経営活動の種類がもう少し区分されている方がわかりやすい。経営活動の種類によって，経営成績の詳細が明らかにされるのである。

　損益計算書の構成要素を詳しくした報告式の区分利益は，次のとおりになる。

```
           損 益 計 算 書
     売    上    高     ┄┄┄┄▶ 得意先にモノを販売する活動
  －） 売   上   原   価   ┄┄┄┄▶ 仕入先からモノを仕入れや製造する活動
     売  上  総  利  益   ─────▶ （粗利益）
  －） 販売費・一般管理費     ┄┄┄┄▶ 取引先などへの販売活動を支える活動
     営    業    利    益   ─────▶ （本業の利益）
     営   業   外   収   益  ┄┄┄┄▶ 本業以外の財務活動などの金融収益
  －） 営   業   外   費   用  ┄┄┄┄▶ 本業以外の財務活動などの金融費用
     経    常    利    益   ─────▶ （金融損益）としての経常的活動
     特    別    利    益   ┄┄┄┄▶ 固定資産売却益などが代表例
  －） 特    別    損    失   ┄┄┄┄▶ 有価証券売却損や評価損・災害損失など
     税   引   前   利   益   ─────▶ 会社の実力とは一線を画するもの
  －） 法人税住民税及び事業税  ┄┄┄┄▶ 法人税や法人地方税が含まれる
     当    期    純    利    益  ─────▶ 株主が投資した成果とするもの
```

■ 損益計算書原則

(1) 当期業績主義と包括主義

　損益計算書は，企業の経営成績を明らかにするためのものである。経営成績を明らかにするために，「当期業績主義」という考え方と，「包括主義」という考え方がある。当期業績主義とは，損益計算書の利益は企業の正常な収益力に求め，企業の正常な営業活動に伴い，毎期反復的に生ずる費用および収益のみを表示しようとするものである。それに対して，包括主義は，企業の正常な収

益力だけではなく臨時に発生した特別な損益や前期の損益修正項目を含めた企業の処分可能利益を求めた費用および収益を表示するものである。

(2) 発生主義の中の実現主義の原則

費用および収益の認識の仕方は，最終的には現金の受け渡しが発生する取引であるということに基づいて計上し，その取引したモノの受け渡しを行ったときに発生したとして認識し，その期間に正しく割り当てられるように処理しなければならないというのが発生主義の考え方である。費用の認識は，基本的には発生主義である。ただし，収益の認識については，モノである商品が販売されたときに実現したという実現主義の考え方になる。未実現収益は，原則として，当期の損益計算に計上してはならないという原則である。

ただし，商品が受け渡された時の認識は，商品を荷造りして発送した時点と，それが相手方に到着した時点が考えられる。今後は，ＩＦＲＳの考え方である，相手方に到着し受領書を受け取った時となっている。

(3) 総額主義の原則

費用および収益は，計算上で差し引きした金額を記載しないで総額によって記載することを原則とし，費用の項目と収益の項目とを直接に相殺することによってその全部又は一部を損益計算書から取り除いてはならないことになっている。

(4) 費用収益対応の原則

費用および収益は，その発生源泉に従って明瞭に分類し，各収益項目とそれに関連する費用項目とを損益計算書に対応表示しなければならない。

企業の事業活動からの発生源泉は，本業である商品の売上げや仕入れだけではなく，運転資金を調達するための財務活動や，余裕資金があればそれを運用するための投資活動というような付随的な活動を伴う。利害関係者は，企業の収益力を判断する際には利益の大きさだけでなく，その利益が本業により獲得

されたものなのか，それとも投資活動等により獲得されたものなのかという利益の発生源泉や，財務・金融活動それ自体の効率性も判断するために発生源泉別に分類表示している。

■■ 売上総利益

(1) 商品売買

　商品売買取引の記帳方法には，(1)分記法，(2)三分法，(3)総記法の3種類がある。その中の分記法は，商品売買は，商品（資産）勘定と商品売買益（収益）勘定により処理する方法である。

　損益計算書の中の売上原価は，一行だけで示されているが，それは計算されて算出されている。帳簿組織は，勘定科目の振替仕訳を通して計算されるが，一般には期首の商品に当期の仕入高を加え，そこから期末の商品を引いて計算される。

```
期首商品 ＋ 当期仕入高 － 期末商品 ＝ 売上原価
売上高 － 売上原価 ＝ 売上総利益
```

　この売上原価の構造を理解できれば，例えば，期末商品の評価額が高くなれば，売上原価が低くなり，売上総利益が上がるという仕組みになっていることがわかる。

練習問題 II

次の(A)～(H)にあてはまる金額を計算しなさい。

売上高	期首商品	当期仕入高	期末商品	売上原価	売上総利益
800	0	500	0	(A)	(B)
800	0	500	200	(C)	(D)
800	200	500	100	(E)	(F)
(G)	300	600	(H)	700	200

(A)		(B)		(C)		(D)	
(E)		(F)		(G)		(H)	

練習問題Ⅲ

次の資料から下記の問いに答えなさい

期首商品棚卸高	¥50,000	総 仕 入 高	¥120,000
仕 入 戻 し 高	¥30,000	仕 入 値 引 高	¥2,500
総 売 上 高	¥210,000	売 上 戻 り 高	¥45,000
売 上 値 引 高	¥2,000	期末商品棚卸高	¥40,000

1　純仕入高はいくらか。　　　¥
2　純売上高はいくらか。　　　¥
3　売上原価はいくらか。　　　¥
4　売上総利益はいくらか　　　¥

練習問題Ⅳ

下記の資料をもとに、報告式の損益計算書（売上総利益まで）を作成しなさい。

　　　　試　算　表　（単位：円）　　　　決算整理事項

繰越商品	350,000	売　上	1,900,000	①期末繰越商品	¥320,000
仕　入	1,550,000				

損　益　計　算　書

Ⅰ　売上高　　　　　　　　　　　　　　（　　　　　　）
Ⅱ　売上原価
　　1　期首商品棚卸高　　　　（　　　　　　）

- 106 -

2	当期仕入高	(	)			
	計	(	)			
3	期末商品棚卸高	(	)	(	)	
	売上総利益			(	)	

■■ 営業利益

(1) 販売費および一般管理費

　製品や商品を売り込むためには，いろいろな経費がかかる。これらの経費は，会計では「販売費および一般管理費」という。一般に経費や費用とは，お金を使ったものが費用になるのではなく，売上を上げるために使うお金を費用と認識して，このお金を使った理由が営業のために使ったので営業費用になるのである。この営業費用を「販売費および一般管理費」という。費用の認識方法の中で一番重要なのが，「費用収益対応の原則」という規則があり，費用は収益を生むために使用されていないと費用と認められないという決まりがある。その販売費および一般管理費は次のような細目がある。

給与手当	役員報酬	福利厚生費	賞与引当金繰入額
退職給与引当金繰入額	広告宣伝費	販売手数料	交際接待費
旅費交通費	荷造運送費	通信費	水道光熱費
消耗品費	車両費	賃借料	租税公課
特許使用料	租税公課	保険料	減価償却費
貸倒引当金繰入	退職給付引当金繰入		etc

　引当金繰入額とは，貸借対照表に引当金とともに計上された費用である。引当金とは，将来に多額費用の発生可能性が高く，金額の合理性が認められた見積り額である。その見積り額に対して，当期に負担した費用が引当金繰入額である。例えば，人件費である退職給与は，定年のときに一度に多額の退職金が支払われる。しかし，その費用は，毎年働いていたために発生したのであって，

その1年ごとに退職給与引当金繰入額として費用にしていくのであり，その費用にしたものは，支払われていないので退職給付引当金として負債に計上されるのである。

(2) 減価償却とは

建物や機械装置などを購入したときは資産計上される。その資産は，毎期耐用年数によって費用に計上される。これを減価償却費という。すなわち，建物などは，使用した分だけ価値が下がったということが減価償却である。会計情報を読み解く場合に重要なことは，減価償却費は現金の支出を伴わない費用であるということである。

減価償却費を求めるには，主な2つの方法がある。

① 定 額 法

取得原価から残存価格（法律では取得原価の10%と決めている）を差し引いた金額を税法で決められた耐用年数で割って算出し，毎期一定額になる方法である。例えば，備品￥300,000（取得原価）を購入し，その備品が6年間（耐用年数）ほど持つとする。この場合の減価償却費は，￥300,000から残存価格（10%）である￥30,000を差し引いて，それを6年の耐用年数で割ると1年間の減価償却費￥45,000が算出される。

$$年間減価償却費 = \frac{取得原価 - 残存価格}{耐用年数}$$

② 定 率 法

取得価格から前年までの減価償却累計額を差し引き，耐用年数に応じた毎期一定の比率を掛けて算出する。定額法に比べて初めの費用負担が大きくなり，だんだん小さくなっていく。

$$年間減価償却費 = (取得価格 - 既償却額) \times 償却率$$

減価償却費は，損益計算書の利益が一つの「意見」や「考え」でしかないと

いわれ，利益は操作可能であるといわれるのは，定額法と定率法とでは利益が変わってくることを指していることを覚えておく必要がある。損益計算書とキャッシュ・フロー計算書の違いを理解するときに，この減価償却の考え方が違いを明確にする。もちろん，損益計算書を作成するときの決まりは，正当な理由がない限りは変更できないことになっている。

減価償却費は，「売上原価」と「販売費および一般管理費」に含まれているので償却方法の変更は売上総利益や営業利益に影響を及ぼす。

■■ 経常利益

経常利益は，本来の事業利益である営業利益からその会社の資産から算出できる利益や費用を差し引きして算出される。金融資産から生じた収益と費用を，営業外収益や営業外費用と呼び，それを差し引いて算出したのが経常利益である。

営業外収益は，受取利息，受取配当金，有価証券売却益，仕入割引などの勘定科目がある。仕入割引とは，買掛金について決済期日前に現金などで早い時期に支払った場合に差し引いてもらう期日までの利子相当分である。営業費用には，支払利息，手形売却損，売上割引などがあり，経常的な収益，費用である。臨時的な多額の収益，費用は特別損益に入る。売上割引とは，得意先から売掛金を約定よりも早く回収したときに生じる利子相当分である。

資産が潤沢にある会社などは，受取利息や受取配当金などがあり，営業利益よりも経常利益の方が多いということもある。借入金が多くあるときは，支払利息が多く発生して経常利益を圧迫するということになる。

1980年代のアメリカでは，企業の実力は営業利益だけではなく，金融財務運用力も含めた経常利益がその企業の実力であるという考え方が出て，会社も商品としてみるという企業合併などのM＆Aなどが盛んに行われた。バブル期には，財テクや土地テクなどといって多く発生していたこともあった。このように，経常利益は会社の実力を見る数値であり，会社の総合力を測る利益であるということができる。

■■ 税引前当期純利益（税金調整前当期純利益）

　税引前当期純利益は，経常利益から特別利益をプラスし特別損失をマイナスした額である。その年の特殊な状況や臨時に発生した損益などを指す。特別損益とは，土地や建物，または投資目的の有価証券の売却損益などであり，災害などによる損失などである。退職金などの毎期発生する場合や少額の場合は営業外費用に計上されるが，大幅な人員整理などによる特別退職金などは特別損失として処理される。不良債権処理に伴う固定資産売却損や不採算事業の再編などに伴う整理損などは特別損失として処理される。これらは，経常利益のように会社の実力を見ることからいえば特別扱いされるが，現状の会社の状況や今後の経営方針にも影響を与えるという視点からの見方も重要になっている。

■■ 当期純利益

(1) 法人税等

　法人税等は，当期に課税された法人税，法人地方税および法人事業税であり，税金のうち課税所得に連動して税額が決定されるものである。企業の税引前当期純利益に対して一定割合で課税される。厳密には税引前当期純利益ではなく課税所得である。

　すなわち，法人税等は，課税所得の金額に応じて金額が変動するために，法人税等の経理性を有するものと，利益から差し引くものとがある。経理性を有する税金としては法人事業税（所得を課税標準とする部分以外）や固定資産税などがある。税引前当期純利益から差し引かれる経費性を有しない税金としての法人税や法人地方税などがある。

(2) 当期純利益

　当期純利益は，税引後の利益を指す。税引前利益から法人税等を差し引いて算出される。当期純利益は，株主が会社に投資した成果として理解される。財務面からの考えでは，当期純利益は株主のものということになる。新会計基準

第5章　財務諸表

において株主重視の経営への転換が重要となっているということは，この当期純利益重視の経営ということが出来る。

■■ 包括利益

　2010年（平成22年）6月30日に，企業会計基準第25号「包括利益の表示に関する会計基準」が，企業会計基準委員会から公表され，わが国の会計にも包括利益という概念が取り入れられた。包括利益とは，貸借対照表に直接算入してきた純資産の変動額のうち，当該企業の純資産に対する持分所有者との直接的な取引によらない部分である，その他有価証券評価差額金，繰延ヘッジ損益，為替換算調整勘定，退職給付に係る調整額などの企業活動で生じた損益である。包括利益のうち当期純利益および少数株主損益に含まれない部分を，その他の包括利益という。

　個別財務諸表は，当期純利益にその他の包括利益の内訳項目を加減して表示し，連結財務諸表には，少数株主損益調整前当期純利益にその他の包括利益の内訳項目を加減して表示する。ただし，当面の間は個別財務諸表には適応しないとされ，会社法では包括利益の表示を求めてはおらず，あくまでも任意開示である。

　包括利益は，決算操作の余地をなくすことで，企業実態の透明性が高まることがメリットと考えられ，本業の儲けがわかりにくいことや，業績が株価や為替などの市場動向によって大きく左右されることなどがデメリットとして認識されている。

■■ 損益計算書を読む

(1) 売上総利益率

　売上から売上原価を差し引いた金額が，売上総利益である。しかし，決算公告には簡易の損益計算書が表示されているので，売上総利益は表示されていない場合が多い。それは，会社計算規則によれば，売上総利益の表示が明文化されていないためであろう。

$$売上総利益率 = \frac{売上総利益}{売上高} \times 100\,(\%)$$

売上総利益は，売価・販売数量や商品構成・仕入単価などにより売上原価の内容によって決まってくる。製造業の場合は，売上原価は製造原価であり，材料費，労務費，経費から成り立っている。したがって，製造業の場合は，売価・販売数量・製品構成・材料単価・賃金・設備稼働率などの効率によって決まってくる。一般的には，製造業ではほぼ20％前後の数値を示しているが，業種によって相当の相違がある。

練習問題Ⅴ

下記の資料をもとに，報告式の損益計算書（売上総利益まで）を作成しなさい。

試 算 表 　（単位：円）　　決算整理事項

繰越商品	320,000	売 上	2,400,000
仕 入	1,980,000		

①当期の売上利益率は20％である。

損 益 計 算 書

Ⅰ　売上高　　　　　　　　　　　　　　　　（　　　　）
Ⅱ　売上原価
　　1　期首商品棚卸高　　（　　　　）
　　2　当期仕入高　　　　（　　　　）
　　　　　　計　　　　　　（　　　　）
　　3　期末商品棚卸高　　（　　　　）　　（　　　　）
　　　　売上総利益　　　　　　　　　　　　（　　　　）

第5章 財務諸表

練習問題 Ⅵ

下記の資料をもとに，報告式の損益計算書（売上総利益まで）を作成しなさい。

　　　　試　算　表　　（単位：円）　　　　決算整理事項

繰越商品　320,000　｜売　　上　2,400,000　①当期の売価は原価の20％増である。
仕　　入　1,980,000｜

損　益　計　算　書

Ⅰ　売上高　　　　　　　　　　　　　　　　　　（　2,400,000　）
Ⅱ　売上原価
　　1　期首商品棚卸高　　（　320,000　）
　　2　当期仕入高　　　　（　1,980,000　）
　　　　　　計　　　　　　（　2,300,000　）
　　3　期末商品棚卸高　　（　300,000　）　　（　2,000,000　）
　　　　　売上総利益　　　　　　　　　　　　　（　400,000　）

(2) 売上営業利益率

　営業利益は，売上総利益から販売費および一般管理費を差し引いた金額で求められる。売上営業利益率は，売上原価率や販売費および一般管理費率の大きさにより影響を受けるが，この数値は，本来の営業活動の効率を見るための指標ということができる。そのため，各企業の営業政策の違いにより，かなりの数値の違いが出てくるところでもある。

$$売上営業利益率 = \frac{営業利益}{売上高} \times 100 (\%)$$

　売上営業利益率は，一般的な数値はおおよそ製造業では5～6％，卸売業では2～3％，小売業では3～4％をめどに比較すればその会社の程度が理解できるであろう。ただし，業種や各会社によってかなりの違いがあることを念頭

におき単純には比較しないことも重要な要素である。

　上場会社などは有価証券報告書などの情報により，内訳書を見ることが出来るので費目別に比較検討することが有用な情報となるであろう。

(3)　売上経常利益率

　営業利益から営業外収益をプラスして，営業外費用をマイナスして算出される。営業利益率よりも経常利益率の方が高い場合がある。それは，金融損益がプラスになっていることで，営業外収益の方が多いということを意味している。受取利息や有価証券売却益が経常的に多くなっているということは，資産の運用が上手くいっている証拠でもあるし，本業以外でも資産の運用を行うことができていると考えられる。

$$売上経常利益率 = \frac{経常利益}{売上高} \times 100 (\%)$$

　逆に，売上営業利益率よりも売上経常利益率の方が低いのは，負債が多いために金利負担が多くなっている場合や，受取手形を受け取ったときも資金を早く現金化するために手形売却損が多く発生するなどにより営業外損失の方が営業外収益よりも多くなったことを意味している。

　売上経常利益率は，業種により相当な相違があり，製造業では5％，卸売業では1％が平均であるといわれている。10％以上であれば優良企業であると言うこともできる。

(4)　売上当期純利益率

　当期純利益は，税引前当期純利益から法人税等を差し引いて算出される。俗称では，最終利益や純益などと呼ばれる。売上当期純利益率は，過去の実績と比較したり，売上経常利益率と比べて差が大きいときには特別損益が発生していることを表しているので内容をよく確認することが大切となる。

$$売上当期純利益率 = \frac{当期純利益}{売上高} \times 100 (\%)$$

練習問題Ⅶ

次の表を見てa〜hにあてはまる数値を求めなさい。

損 益 計 算 書

【経常利益の部】

Ⅰ　営業損益

売上高	3,890
売上原価	3,130
売上総利益	a
販売費・一般管理費	433
営業利益	b

Ⅱ　営業外損益

営業外収益	51
営業外費用	108
経常利益	c

【特別損益の部】

Ⅰ　特別利益

　　固定資産売却益　　　45

Ⅱ　特別損失

火災消失	62
税引前当期純利益	253
法人税等	117
当期純利益	d

e 売上総利益率	％
f 売上営業利益率	％
g 売上経常利益率	％
h 売上当期純利益率	％

【練習問題解答】

練習問題Ⅰ

	前　期	当　期
流 動 資 産	2,100	2,500
固 定 資 産	1,900	2,500
総 資 産	4,000	5,000
流 動 負 債	2,000	2,500
固 定 負 債	400	700
資本（純資産）	1,600	1,800
総 資 本	4,000	5,000
自己資本比率	40　％	36　％
流 動 比 率	105　％	100　％
固 定 比 率	118.8　％	138.9　％
固定長期適合率	95　％	100　％

※　この設問については，数値だけを計算するのではなく評価の仕方に経営分析の重要性がある。

【評　価】

　最初に評価できるのは，前期と当期を比べて当期利益が10％も伸びており総資産も総額的にも増加しているために，かなり企業全体が活性化している点である。そこで，静態比率の安全性を見る分析指標に入って，それぞれの数値が悪くなっていることが指摘できる。そこで，なぜこのような数値になってしまったのかを探ると，固定資産の購入があり，資産運用がなされている。建物が300と土地が300の増加となっている。この資産運用のための資本調達は，どのようになされたかを見るために，まずは自己資本の増加分である資本増加は，1,600から1,800と増加していたので200の調達は資本によってなされていると判断できる。そして，あとは固定負債が400から700に増加しているために300増えている。それが他人資本の増加であろう。しかし，固定資産に投資した金

- 116 -

額が，資本と固定負債の中で賄われていないために，流動負債の増加を促してしまっている。問題はここにある。固定資産適合率という指標は，新規固定資産投資に関しては資本と固定負債の中で賄うのが基本としなくてはならないという考えのもとにある分析指標である。その限度を超してしまったところに安全性の指標のみが悪くなっているということになる。資金調達の失敗例として評価されればよい。

練習問題Ⅱ

| (A) | 500 | (B) | 300 | (C) | 300 | (D) | 500 |
| (E) | 600 | (F) | 200 | (G) | 900 | (H) | 200 |

練習問題Ⅲ

1　純仕入高はいくらか。　　　¥　87,500
2　純売上高はいくらか。　　　¥　163,000
3　売上原価はいくらか。　　　¥　97,500
4　売上総利益はいくらか　　　¥　65,500

練習問題Ⅳ

損益計算書

Ⅰ　売上高　　　　　　　　　　　　　　　　　　(1,900,000)
Ⅱ　売上原価
　　1　期首商品棚卸高　　(　350,000)
　　2　当期仕入高　　　　(1,550,000)
　　　　　　計　　　　　　(1,900,000)
　　3　期末商品棚卸高　　(　320,000)　　(1,580,000)
　　　　売上総利益　　　　　　　　　　　　(　320,000)

練習問題Ⅴ

売上総利益率　$20\% = \dfrac{X}{2,400,000} = \dfrac{売上総利益}{売上高}$

$$X = 0.2 \times 2,400,000$$
$$X = 480,000$$

損 益 計 算 書

Ⅰ	売上高			(2,400,000)
Ⅱ	売上原価			
	1　期首商品棚卸高	(320,000)		
	2　当期仕入高	(1,980,000)		
	計	(2,300,000)		
	3　期末商品棚卸高	(380,000)	(1,920,000)	
	売上総利益		(480,000)	

練習問題Ⅵ

当期の売上は原価の20％増であるとは，売上原価×1.2＝売上高という等式が成り立つ。例えば，1,000,000（売上原価）×1.2＝1,200,000（売上）ということである。売上高がわかっている場合，すなわち2,400,000に対しては1.2で割り算すれば売上原価が算出できる。

$$2,400,000（売上）\times \dfrac{1}{1.2} = 2,000,000（原価）$$

すなわち，2,400,000÷1.2＝2,000,000となる。

損 益 計 算 書

Ⅰ	売上高			(2,400,000)
Ⅱ	売上原価			
	1　期首商品棚卸高	(320,000)		
	2　当期仕入高	(1,980,000)		
	計	(2,300,000)		
	3　期末商品棚卸高	(300,000)	(2,000,000)	
	売上総利益		(400,000)	

練習問題 Ⅶ

損益計算書

【経常利益の部】
Ⅰ 営業損益
　売上高　　　　　　　　　3,890
　売上原価　　　　　　　　3,130
　売上総利益　　　　　　 | a　　760 |
　販売費・一般管理費　　　　433
　営業利益　　　　　　　 | b　　327 |
Ⅱ 営業外損益
　営業外収益　　　　　　　　51
　営業外費用　　　　　　　 108
　経常利益　　　　　　　 | c　　270 |
【特別損益の部】
Ⅰ 特別利益
　固定資産売却益　　　　　　45
Ⅱ 特別損失
　火災消失　　　　　　　　　62
　税引前当期純利益　　　　 253
　法人税等　　　　　　　　 117
　当期純利益　　　　　　 | d　　136 |

e 売上総利益率	19.5%
f 売上営業利益率	8.4%
g 売上経常利益率	6.9%
h 売上当期純利益率	3.5%

第6章
経営分析
- Business Analysis -

1 貸借対照表と損益計算書のつながりから読む

　経営分析（Business Analysis）は，財務諸表の計数や経営状況によって定量的・定性的に経営状態を総合的に検討する方法論である。ただし，企業の経営状態を見るには計数では示すことのできない質的要因についても重視する必要がある。そこで，経営分析により経営実態を洞察するためには，財務諸表のつながりを理解していることが求められる。経営分析から財務諸表のつながりや勘定科目のつながりを学び直すことにより，経営実態の全体性を理解する必要性を再認識できる。このようなアプローチが教養会計の基本である。

　経営実態を知るためには，その企業の状態を表す定性的な資料として文字情報などの決算報告書の内容や新聞，雑誌などのデータにアクセスすることが有用である。財務諸表を入手する場合も含め，Webを活用することにより多くの資料を入手できる。各企業のホームページには投資家情報のIRという項目をクリックすると数値以外にも多くのデータがある。

　財務諸表による定量的な分析と，定性的な資料からの情報を組み合わせることにより，企業の実態を把握することができるようになる。定量的な分析は，「投資の効率」を見るためであり，定性的な情報は，「投資の効果」を洞察する必要がある。投資の効率については資本利益率を軸にして経営分析し，投資の効果については財務数値のつながりから経営総合診断し企業を洞察するのである。

　上場会社などの大企業については，金融庁の「ＥＤＩＮＥＴ」および各社のＩＲ情報である「決算短信」が活用できる。非上場である中小企業は，中小企

業庁の「中小企業実態基本調査」などを活用することができる。

　ここで注意すべき点は，ある部分の断片的資料のみで，企業の一部だけを強調した見方をしないことである。まずは，全体の傾向から見てどのような部分に問題があるのかということを発見および把握することが重要である。そのためにも，まずは財務諸表のつながりから全体像を把握して，全体の数値を知った上で，その中の何を中心にするのかを決めることであろう。そのような見方をすることで，財務諸表が読めるようになり，また，情報の側面からは，財務諸表がどのように読まれるのかということも知ることができるようになるのである。

　財務諸表が読めるようになるかどうかは，財務諸表が表現している数値の良否を判断する軸を持っているかどうかにかかってくる。その良否の判断軸は，次の3つがある。

① 外部比較（同業他社比較）

　上場会社などは，同業他社の状態などと比較してその良否を判断する。この同業他社群が業界となり業界分析が可能となる。この時の判断軸は，同業他社になるのでこの判断軸だけだと，会社は横並びの人まねの企業になる恐れがある。しかし，その業界などのことを知らない人たちにとっては，最初はこの比較が大変わかりやすい。ただし，中小企業などは上場会社がつくっている有価証券報告書などの詳細な資料が外部的には調達しにくいので，統計資料などによって，業種平均値などと比較することになるであろう。この外部比較をすることで，その企業と他企業との数値の違いを把握し，その企業の特徴や問題点などを発見できる可能性が出てくる。

② 期間比較（趨勢分析）

　比較企業の独自性などを発見するには，同業他社の比較分析よりも期間比較する趨勢分析が有効である。例えば，総資本経常利益率が3％であるとしても，その数字を良いと評価するのか悪いと評価するのかは明確ではない。評価の際に大切なのは，総資本経常利益率の値が，年々向上してきた3％なのか，横ばいの3％なのか，低下してきた3％なのかということが意味のある情報になっ

てくる。そのためにも，最低5期分ほどの数値が必要であろう。過去と現在との比較であるがために未来予測も可能となり，企業行動の転換に対する問題点の発見も可能となる。

③　理念・目標比較

　定性的な資料として，経営方針や各企業の社長などの談話などからその企業の理念や目標数値が示される。時には，下方修正がなされたりするが，それぞれの企業が理念や数値では目標値などがあるのでその数値や理念から現状の数値を比較すると問題点の創出ができる。

　このような比較検討を行うことにより，数値を見ることも読むこともできるようになる。数多くの企業の数値を見ていくことが大切になる。しかし，より重要なことは，経営成績や財産状態が理解できたとしても，これらの数値をもたらせてくれた技術力や優秀な人材がいたことを忘れてはならない。この技術や人間の意思決定が，現在の決算書の数値をつくり出しているのである。この決算書情報の裏には，経営情報として技術や意思決定を見つけ出すこともできる。

　しかし，素晴らしいコア・コンピタンスを持っていて，優秀な人材もいた企業が倒産するということもある。それは，その企業がこれらの人材や技術力を使う方向性を間違ったために倒産という結果をもたらした。そのために，企業の経営分析を行うときに，一番大切なものはその企業のベクトルである。

　そのベクトルが時代から外れてきたときには修正が必要となり，変革が重要となる。現代社会は，時代が変わろうとしているときには，経営方針や経営理念などと，財務数値とを刷りあわせながらその企業の置かれている状況やその企業が何をつくり出そうとしているのかという「問い」を持ち分析することが重要となる。その企業自身がどのような「問い」を持ち企業行動を進めているかを財務数値から読み取ることが求められる。

　吉武孝祐教授は，「「問い」は目的ではない。目的には手段が対応するが，「問い」に対応するものは手段ではない。」（吉武孝祐著『企業分析の哲学』同友

館（昭和57年発行），9頁）として「問い」に対応するものは決断であるとしている。経営分析を行うときには，企業は何を形成しようとしているのかという質を見る「問いによる経営」が重要な判断軸になる。企業が直面している課題を財務数値から探し出すには，企業がどのような観点で行動を起こしているのか，どのような状況の中で判断しているのかという「問い」を探し出すことである。企業が進むべきベクトルの答えは，どこかの成功企業の中にあるのではなく，その企業が持っている「問い」の中に答えがある。経営分析とは，財務数値の中から，その企業が答えをいかにつくりだしているのかということを探し出す作業なのである。

　そのためにも，企業の経営状態を比較検討して，それぞれの会社の収益性，安全性，生産性，成長性について問題はないかを検討する。なかでも収益性の分析は最も重要である。収益性の中心的指標は，資本利益率で示される。収益性と安全性，生産性，成長性は相互に関連し合っている。それはつまり，良好な財政状態は，安全性と生産性・成長性が土台となり，収益性が高められていくのであって，それぞれが原因となり，結果となって影響し合っているからである。

　貸借対照表の分析は，支払能力・財政状態を知るのに重要であるが，さらに損益計算書と関連づけてみてば，より有用な判断指針が得られる。この関連づけは，資本利益率や資本回転率にて明らかにできる。

2 収益性：資本利益率

　これから飲食店を起業しようとする場合には，必ず採算計算をするはずである。売上はいくらぐらいになるか，一ヶ月に費用はどのくらいかかるのかという見積計算をして，利益が出るかどうかという損益計算での売上利益率を確認するであろう。

　しかし，起業する場合は，まずは開業資金が準備できるかどうかを見積もると思われる。そして，投下する資金と得られる利益の割合を計画するであろう。

これが，資本利益率である。

　企業の収益性は，損益計算書の売上利益率と貸借対照表と損益計算書の関連づけにより資本利益率によって表示される。例えば，A社とB社の損益計算書は，売上高が1,000万円で費用が800万円，利益が200万円であった場合，売上利益率は20％で同じであるが，投下資本がA社の場合は2,000万円で，B社の場合は1,000万円であった場合，資本利益率はA社は10％であり，B社は20％となり，収益性は違ってくる。資本を投下するのは，利益をあげるためである。この意味で資本利益率が収益性を示す中心的な指標である。

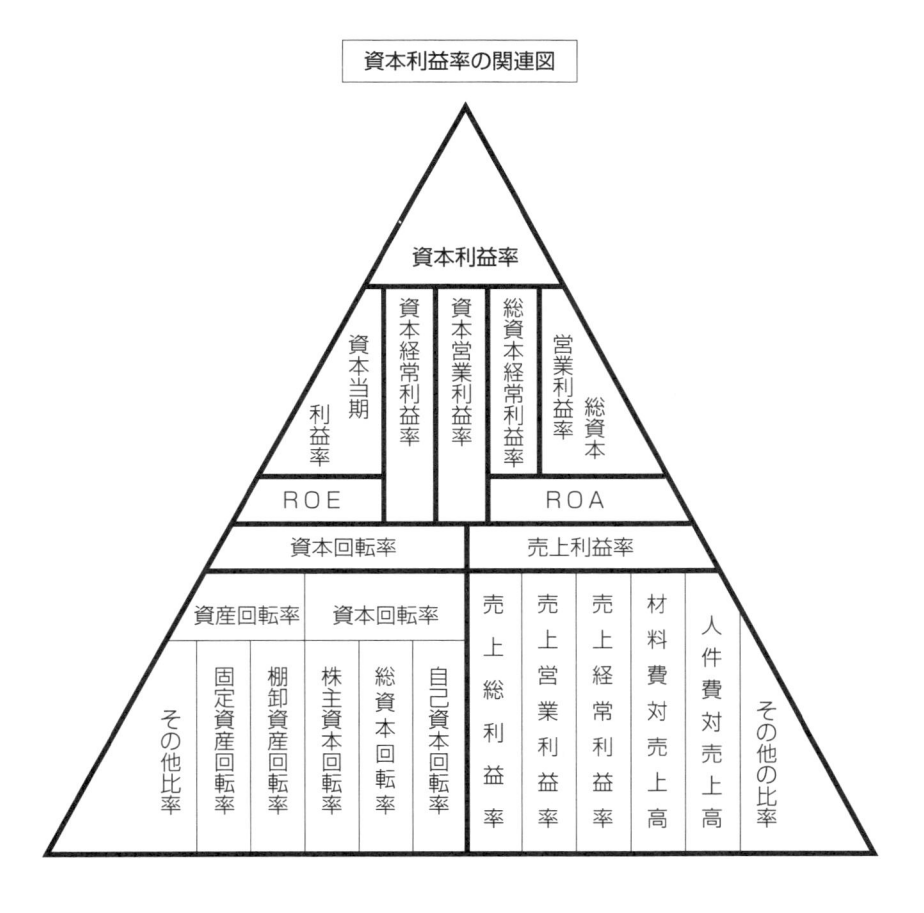

資本利益率の関連図

```
                   資本利益率
         ┌──────┬──────┬──────┬──────┐
         │資本当期│資本経常│資本営業│総資本経常│営業利益│
         │利益率  │利益率  │利益率  │利益率    │／総資本│
         ├──────┴──────┼──────┴──────┤
         │    ROE       │    ROA       │
         ├──────────────┼──────────────┤
         │  資本回転率  │  売上利益率  │
         ├───────┬──────┼──┬──┬──┬──┬──┬──┤
         │資産回転率│資本回転率│売│売│売│材│人│そ│
         │その│固│棚│株│総│自│上│上│上│料│件│の│
         │他比│定│卸│主│資│己│総│営│経│費│費│他│
         │率  │資│資│資│本│資│利│業│常│対│対│の│
         │    │産│産│本│回│本│益│利│利│売│売│比│
         │    │回│回│回│転│回│率│益│益│上│上│率│
         │    │転│転│転│率│転│  │率│率│高│高│  │
         │    │率│率│率│  │率│  │  │  │  │  │  │
```

― 125 ―

すなわち，損益計算書と貸借対照表を関連づけて見る指標が，資本利益率である。貸借対照表の資本を利用して，どのような利益を確保したかを見ている。投資した資金でどのような利益が得られたかという収益性がわかる指標でもある。この収益性の中心指標がこの資本利益率であるが，資本といっても純資本もあれば自己資本や株式資本も「資本」と呼ばれる（自己資本利益率の項目を参照）。利益も総利益から営業利益・経常利益・当期純利益などの金額を利用して資本利益率を算出する。

$$資本利益率 = \frac{利益}{資本} \times 100 (\%)$$

資本利益率は，資本に対する利益の割合である。しかし，資本や利益には，財務諸表に示されている各種の項目がある。

どのような資本や利益を利用したとしても，分子の利益は年額で計算する。半年の場合は，利益額を2倍して計算し，分母は原則として期首と期末の平均額で計算する。単年度の資料しかない場合には期末の金額を利用することもあり，簡便法では単年度の分母をとっている。

■■ 総資本経常利益率（ROA）

資本利益率といった場合には，一般的には総資本経常利益率をよく用いている。本来の経営活動の資本の効率を見るものがこの総資本経常利益率であるため，経営の全体の収益性を見ることができる。この総資本経常利益率は，複式簿記の貸借平均の原則により総資本は総資産と同額になっているために，総資産を投入して企業の全体のリターンがどれほどあるのかということを見ることのできる比率であり，ROA（Return On Assets）と呼ばれることもある。この算出方法は，企業全体の立場から資産のリターンを情報として見る場合のROAである。

この比率は，高い方が効率が良いと判断することができる。一般的には，製造業や小売業の方が比率は高く，卸売業の方は低くなっている。

$$\text{総資本経常利益率(ROA)} = \frac{\text{経常利益}}{(\text{期首総資本}+\text{期末総資本})\div 2} \times 100\,(\%)$$

■■ 自己資本利益率(ROE)

　資本利益率は，経営全体の効率を示す指標であるため，資本を投下している株主にとっては会社の収益性や効率性を見る数字として使用される。会計ビッグバンが始まった2000年からは，株主重視の経営に転換を余儀なくされている現状である。その株主重視の経営は，「会社は株主のもの」という意識で，欧米では特に経営者が最も重視している要素である。この要素を示す指標が，ROE(Return On Equity＝自己資本利益率)であり，自己資本の投資効率を示す数字である。株主資本利益率という用語は，経済用語として使用されており，実務で実際に計算されるときには，決算書から得られる会計データとしては，自己資本当期利益率を算出している。

$$\text{自己資本当期利益率} = \frac{\text{当期純利益}}{(\text{期首資本}+\text{期末資本})\div 2} \times 100\,(\%)$$

■■ 総資本当期利益率(ROA)

　会計情報としては，ROAを必要な情報とする人の立場によって，どの情報が役立つのかが変わってくるため，それぞれの分子と分母が変わってくる。企業全体の立場からの情報としては，総資本経常利益率がROAとなり，投資家の立場からの情報として欲しいのは，総資本当期利益率のROAであり，従業員や営業員などからの情報としては，総資産営業利益率がROAとなる。

　投資家が，会社情報を評価するもう一つの指標がROA(Return On Assets＝総資本当期利益率)である。投資家が一番興味を持っているのは，配当金の源泉

である当期純利益であると考えるから分子は当期純利益を算入している。そして，分母は総資本としているが，これは貸借対照表の貸借平均の原則により総資産と同じ数値であるために使用されている。

$$
総資本当期利益率（ROA） = \frac{当期純利益}{（期首総資本＋期末総資本）÷2} \times 100\,(\%)
$$

この計算式は，投資家から見たROAという情報となるが，会社運営を行う上にもROAの指標は役に立つ。この場合の指標は，会社内部の従業員や営業本部の立場からは，営業利益に対する総資産の比率である。少ない資産で大きな利益をあげると，ROAが良くなり経営の効率の良い企業であると評価される。しかし，この総資産は全て取得価格で記載されているが，2001年度から段階的に時価会計が導入された。2001年3月期決算から売買目的の株などが時価会計の対象となった。そして，2002年度3月期の決算から長期保有の持ち合い株も時価会計の導入がなされる。そして，2005年度からは減損会計導入により土地評価が時価となる。このことにより，総資産が時価で評価されるようになるので過去のROAとの比較は単純にはできなくなる。ただし，多くの企業では前倒しで導入を行っている。

$$
総資産営業利益率（ROA） = \frac{営業利益}{（期首総資産＋期末総資産）÷2} \times 100\,(\%)
$$

資産の中の有価証券を時価で評価するようになった場合，取得価格よりも時価の方が多くあることを含み益経営といっている。特に，持ち合い株式という方法は，日本独特の方式であり，日本経済にも多くの課題を投げかけている問題でもある。この持ち合い株式を時価で評価するという会計ビッグバンは，多くの企業に影響を投げかけている。例えば，含み益経営をROAで説明すると，分母にある資産が時価によって大きくなるとROAの率は低くなり経営効率が

悪い会社であるように評価される。そのために，含み益の多い会社は，有価証券などを売却して総資産を減らす努力をしている。そして，売却した有価証券売却益などは，リストラを進める企業などでは，特別退職金などに充てている。これは，時価会計の導入期の一つの手法であって，時価会計の本来の目的は，経営は投資資本に対する事業利益のリターンを単純に測定できるようにすることであり，市場価格をそれに取り入れているということである。事業経営でROAを利用することは，製造と営業を一体化させて事業部ごとのROAなどを算出して，効率を上げる経営を行っている。

簡便法	
総資本経常利益率（ROA）=	経常利益 / 総資本
自己資本当期純利益率（ROE）=	当期純利益 / 自己資本
総資本当期純利益率（ROA）=	当期純利益 / 総資本
総資産営業利益率（ROA）=	営業利益 / 総資産

3 資本回転率

　資本回転率は，資本利益率の構成要素である。売上高と投下資本の割合であり，回転率と呼びながら，％では表示しないで回数で表している。資本回転率は，投下した資本が，年間の売上高によって何回回収されたかを示している。この資本回転率は，売上利益率と組み合わせて資本利益率になっている。

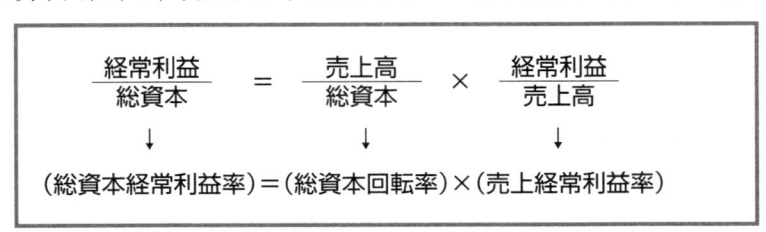

$$\frac{経常利益}{総資本} = \frac{売上高}{総資本} \times \frac{経常利益}{売上高}$$

　　　　↓　　　　　　↓　　　　　　　↓
（総資本経常利益率）＝（総資本回転率）×（売上経常利益率）

総資本回転率は，売上高と総資本の割合である。売上高は，1年間の数値を用いる。総資本は，貸借対照表の合計額である。決算公告などは，負債・資本合計と書いてある。そして，原則的には期首と期末の平均を取って計算する。総資本回転率は，総資本の利用・活用度を見ようとするものなので，数値は回転数が高い方が優れているといえる。つまり，0.7回転より1.2回転の方が総資本が良く活用されていることになる。売上利益率一定であるならば，総資本回転率を高めることにより総資本利益率は高くなってくる。

資本回転率	
総資本回転率＝	売上高 / 総資本
株主資本回転率＝	売上高 / 株主資本
資産回転率	
棚卸資産回転率＝	売上高 / 棚卸資産
売掛債権回転率＝	売上高 / 売掛金

　資本回転率は，分子の資本を具体的に何をとるかによって，利用者が知りたい情報に近づくことができる。

　次頁の図以外にもいろいろ考えても良い。この中の経営資本は，本来の経営活動に用いられている資本という意味であり，総資本から遊休固定資産や建設仮勘定，投資などを差し引いた数値である。しかし，新会計基準は，このような経営資本という考え方ではなく遊休固定資産に対しては固定資産を含めることで総資本回転率を悪くするために，このような含み益経営を止めさせる方向性にある。経営そのものを投資家から見て収益性を追求するようになってきている。すなわち，投資家は投資している資本がいかに利益を生んでいるかを見る収益性に対して関心をもっていることに注意する必要性が企業側に求められているのであって，土地などを遊休資産として持って，値上がりを待つという含み益経営の転換を求めているということもできる。

第6章 経営分析

```
資本回転率 ─┬─ 資本回転率 ─┬─ 総資本回転率
           │              ├─ 自己資本回転率
           │              ├─ 買入債務回転率
           │              └─ 経営資本回転率
           │
           └─ 資産回転率 ─┬─ 現金預金回転率      ┬─ 原材料費回転率
                          ├─ 売掛債権回転率      ├─ 仕掛品回転率
                          ├─ 棚卸資産回転率 ─────┼─ 製品回転率
                          └─ 固定資産回転率      └─ 商品回転率
```

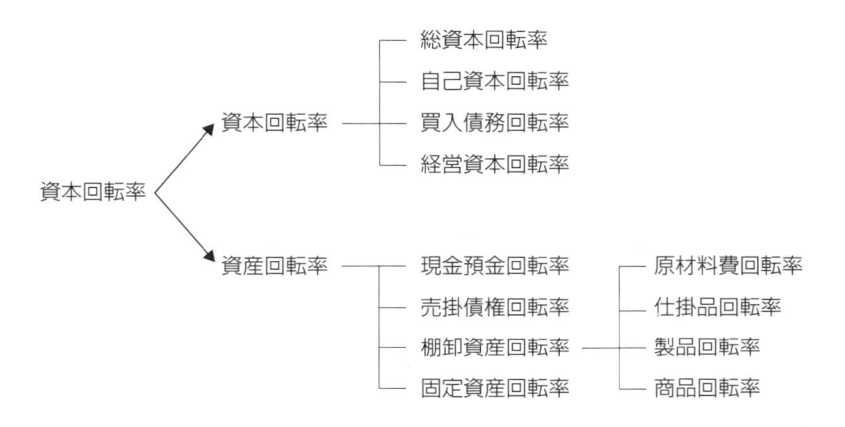

■■ 棚卸資産回転率

　上の図の中で特に重要なものは，棚卸資産回転率である。それは，キャッシュ・フローの関係で重要視されている。棚卸資産回転率は，売上高と商品・製品・仕掛品・原材料などの棚卸資産との割合である。分母の棚卸資産は原則として期首と期末の平均値で求める。

　そして，棚卸資産は，手持在庫ゼロが数値的には理想であるとされている。棚卸資産が多いと原材料の減耗損が増加したり，保管料が高くついたり，金利負担が多くなるからである。売上高に対して棚卸資産は少ない方が良く，回転率は高い方が良い。

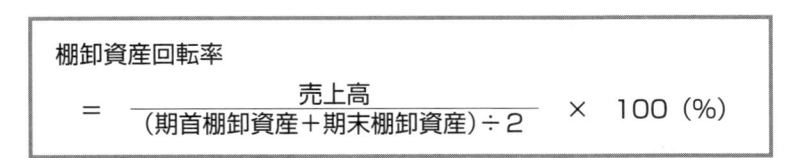

$$棚卸資産回転率 = \frac{売上高}{(期首棚卸資産＋期末棚卸資産)÷2} \times 100 (\%)$$

　棚卸資産回転率を高めるために，活用されている手法が，サプライチェーン・マネジメントであったり，コンピュータ導入により，ＢＰＲ（Business Process Reengineering）を実践して，リードタイムを短縮させたり，在庫削減を行っている。

例えば，いろいろな情報システムを導入してこの効果を棚卸資産回転率で見ようとするときには，簡便法を用いて分母を期末の棚卸資産だけにする方法もある。棚卸資産回転率は，原則論で利用するよりも，簡便法が効果測定法的には良い方法であろう。

$$棚卸資産回転率 = \frac{売上高}{期末棚卸資産} \times 100 (\%)$$

4 成　長　性

■■ 売上高伸び率

　企業の成長性を判断する指標に，売上高伸び率がある。売上高は，会社が期間中に本来の営業活動であげた収益の総計である。したがって，売上高を会社同士や業界間の平均値で比較すると，事業の規模の違いが大まかにわかってくる。

　ただし，経営成績として見るときは，数字の大きさだけでなく，その数値の変化にも注意をするとよい。そのために，前年の売上高に比べて今年の売上高がどれだけ伸びたかという指標が，「売上高伸び率」である。会社の成長を計る基本的な指標であり，会社の事業規模がアップしたり，ダウンしたりしていることが把握できる。

$$売上高伸び率 = \frac{当期売上高}{前期売上高} - 100 (\%)$$

$$売上高伸び率 = \frac{(当期売上高 - 前期売上高)}{前期売上高} \times 100 (\%)$$

■■ 営業利益伸び率

　営業利益とは，製造から販売までの会社の本業でかかるすべてのコストを売上から引いた残高である。営業利益の金額が，本業の最終的な利益である。売上高伸び率と営業利益伸び率との間には，売上総利益率を算出して，製造原価や売上原価での伸び率と比較して販売費および一般管理費の効率を考えることも重要な要素でもある。

$$\text{営業利益伸び率} = \frac{\text{当期営業利益}}{\text{前期営業利益}} - 100\,(\%)$$

■■ 経常利益伸び率

　経常利益は，会社の健全性を把握することのできる数値である。売上高と営業利益が高くても，債務が多く膨大な支払利息を抱えていると経常利益は下がってくるから会社の健全性は落ちてくる。会社の総合的な事業活動の成長性を把握することができる指標である。

$$\text{経常利益伸び率} = \frac{\text{当期経常利益}}{\text{前期経常利益}} - 100\,(\%)$$

5 資本利益率を分解する

　下記の資料によりA社とB社の経営状態を知るために，貸借対照表と損益計算書および関連づけた資本利益率の収益性を示す指標を分解する。下記のA社とB社の資本利益率を求めて，その優劣がわかってもそれだけではその原因はわからない。

損 益 計 算 書		
	A社	B社
売　　上　　高	300,000	320,000
売　　上　　原　　価	210,000	220,000
売　上　総　利　益	90,000	100,000
販　　売　　費	20,000	25,000
一　般　管　理　費	40,000	40,000
営　　業　　利　　益	30,000	35,000
営　業　外　収　益	0	0
営　業　外　費　用	6,000	6,000
経　　常　　利　　益	24,000	29,000

貸 借 対 照 表		
	A社	B社
流　動　資　産	150,000	200,000
現　金　預　金	38,000	50,000
売　　掛　　金	60,000	80,000
棚　卸　資　産	52,000	70,000
固　定　資　産	150,000	200,000
総　　資　　産	300,000	400,000
流　動　負　債	150,000	230,000
固　定　負　債	60,000	90,000
純　　資　　産	90,000	80,000
総　　資　　本	300,000	300,000

　下記の分析では，A社の総資本経常利益率の8.0％は，売上経常利益率の8.0％と総資本回転率の1.0回転に分解する。B社の総資本利益率の7.3％は，売上経常利益率の9.1％と総資本回転率の0.8回転に分解する。このようにして，A社とB社を比較すると総資本経常利益率はA社の方が優れており，売上経常利益率はB社が優れており，総資本回転率はA社が優れているので，相殺する

- 134 -

とA社の方が優れている。

	A社	B社
総資本経常利益率	$\dfrac{24,000}{300,000}$ (8.0%)	$\dfrac{29,000}{400,000}$ (7.3%)
	∥	∥
売上経常利益率	$\dfrac{24,000}{300,000}$ (8.0%)	$\dfrac{29,000}{320,000}$ (9.1%)
	×	×
総資本回転率	$\dfrac{300,000}{300,000}$ (1.0回)	$\dfrac{320,000}{400,000}$ (0.8回)

　資本利益率は，売上利益率と資本回転率に分解することにより資本利益率に影響を与えていた原因が明らかになる。全体と部分の関係性や原因と結果がはっきりする。

　売上経常利益率の良否は，売上総利益率や売上営業率と関連づけて，売上高の増減によるのか，何の費用の増減によるのかの原因を追及することができる。

　総資本回転率は，売上高と総資本の割合なのでその両者の増減の影響を受ける。総資本回転率は，売上高の増加と総資本の圧縮により高めることができる。

現金預金回転率	$\dfrac{300,000}{38,000}$ (7.9回)	$\dfrac{320,000}{50,000}$ (6.4回)
棚卸資産回転率	$\dfrac{300,000}{52,000}$ (5.8回)	$\dfrac{320,000}{70,000}$ (4.6回)

　したがって，売上に対して現金預金・売上債権・棚卸資産・固定資産のうち，何が大きいのか小さいのかを分解すれば良否の原因がはっきりする。

(A社)

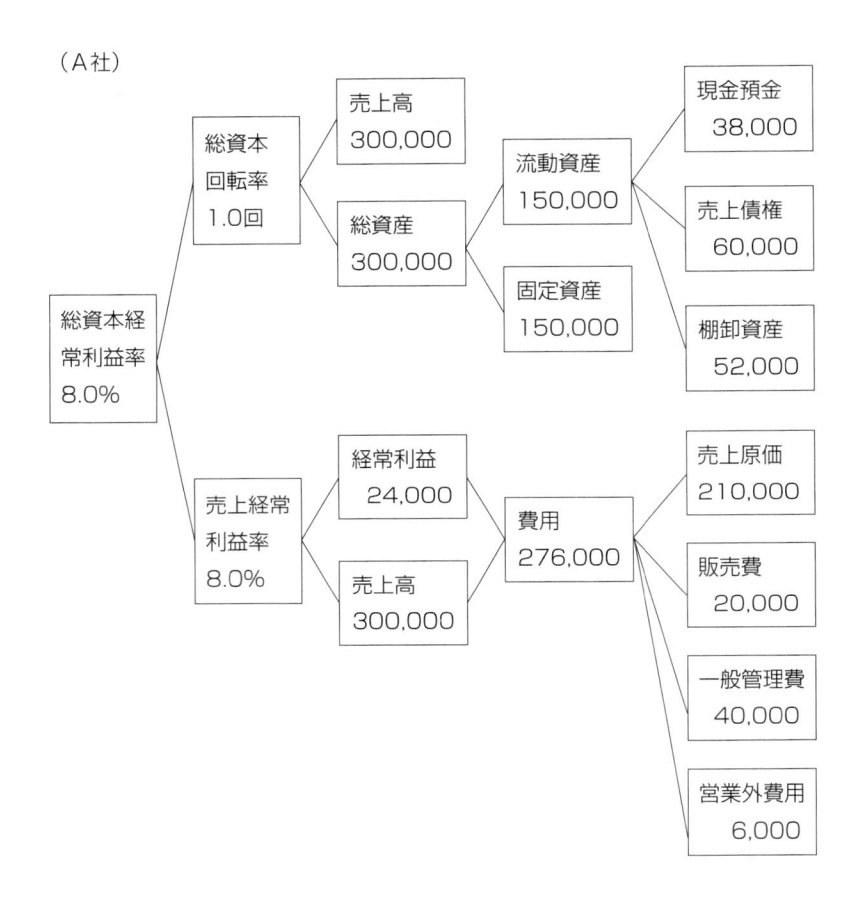

```
総資本経常利益率 8.0%
├─ 総資本回転率 1.0回
│   ├─ 売上高 300,000
│   └─ 総資産 300,000
│       ├─ 流動資産 150,000
│       │   ├─ 現金預金 38,000
│       │   ├─ 売上債権 60,000
│       │   └─ 棚卸資産 52,000
│       └─ 固定資産 150,000
└─ 売上経常利益率 8.0%
    ├─ 経常利益 24,000
    └─ 売上高 300,000
        └─ 費用 276,000
            ├─ 売上原価 210,000
            ├─ 販売費 20,000
            ├─ 一般管理費 40,000
            └─ 営業外費用 6,000
```

　資本回転率は，支払能力や資金繰りに影響する数値であり，回転率だが％で表示しないで回転数で表示される。すなわち，投下した資本が売上のために何回転したかという回転速度や利用度を表している。卸売業は，製造業より高くなっている。中小企業は大企業より高くなっているが，生産形態，業種や業態・規模などにより違っているので単純比較ではなく，原因探求の方が有効である。一般的には，数値が高い方が良好である。

第6章 経営分析

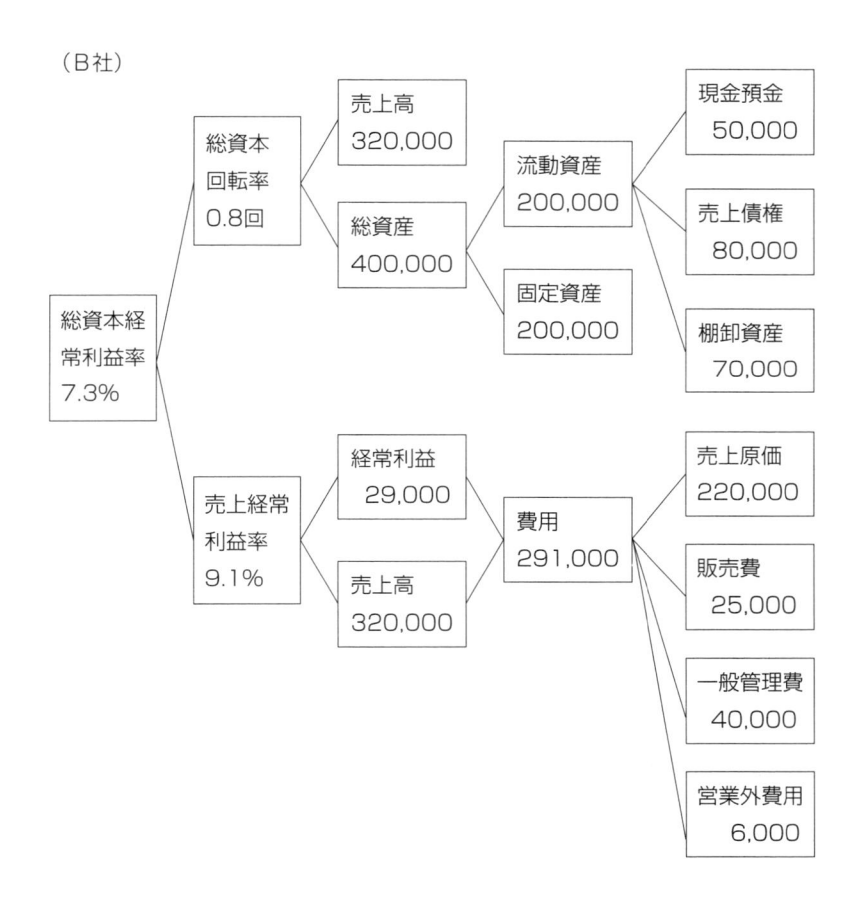

(B社)

```
総資本経常利益率 7.3%
├─ 総資本回転率 0.8回
│   ├─ 売上高 320,000
│   └─ 総資産 400,000
│       ├─ 流動資産 200,000
│       │   ├─ 現金預金 50,000
│       │   ├─ 売上債権 80,000
│       │   └─ 棚卸資産 70,000
│       └─ 固定資産 200,000
└─ 売上経常利益率 9.1%
    ├─ 経常利益 29,000
    └─ 売上高 320,000
        └─ 費用 291,000
            ├─ 売上原価 220,000
            ├─ 販売費 25,000
            ├─ 一般管理費 40,000
            └─ 営業外費用 6,000
```

　例えば，売上債権率が良いということは，代金回収率が良いということで，資金繰りがラクになり，支払能力が大きいといえる。売上債権率が良くなり，現金預金に代わるだけであれば回転率は，変わらないのである。収益性の観点からは手持ちの現金預金はゼロが理想であるから少ない方が良いわけである。代金回収が良くなれば，手元資金が増加し，借入金の返済を行ったり，掛仕入れを現金仕入れにかえて負債の減少につながる。

　代金回収が良ければ，貸倒れや回収費用・事務コスト・金利などに影響を与え利益に貢献し効率が良くなっていることを示すことになる。これにより，回転率の役割が把握される。

6 株主資本等変動計算書

　株主資本等変動計算書が必要になった背景は，株主資本の変動が激しくなったからである。2005年7月に公布された会社法により，株主資本等変動計算書の作成が定められ，これまでの利益処分案は廃止された。会社法は，「分配可能額」を規定し，剰余金の額に，臨時決算日までの純損益，自己株式，のれんと繰延資産などを調整して算出する。剰余金の配当に上限が設けられ，自社株買いによる株主への還元も活発化したために，株主は株主資本の変動が把握されにくくなり，株主資本等変動計算書が必要となっている。

　貸借対照表の純資産の部は，株主資本と評価・換算差額および新株予約権に区分され，各項目の期末残高が表示される。株主資本等変動計算書は，この純資産（主に株主資本）の残高が，期中にどのような要因で変動したのかを明らかにするための計算書である。

　株主資本の変動要因には，当期純利益の計上，剰余金の配当，新株の発行，自己株式の取得・処分などがある。

■■ 当期純利益の計上

　株主資本等変動計算書では，損益計算書において当期純利益が計上されると，その他の利益剰余金の繰越利益剰余金に振り替えられ，純資産が増加する。当期純損失は，純資産が減少する。

■■ 剰余金の配当

　純資産のうちの剰余金は，配当金として支払われる。配当は，利益剰余金をもとに行われるが，資本剰余金を原資とする場合もある。配当を行う場合は，資本準備金と利益準備金の合計が，資本金の4分の1に達するまで，配当額の10分の1を資本準備金または利益準備金に積み立てなければならない。

第6章 経営分析

■■ 新株の発行

　株式を発行して増資する場合，資本金や資本準備金が増加する。資本準備金は，株式資本の区分の資本剰余金の中に表示される。株式払込金は原則として全額を資本金に組み入れることになっているが払込金の2分の1までは，資本準備金に組み入れることも認められている。

■■ 自己資本の取得と処分

　自己株式を取得した場合は，株主資本の控除項目である自己株式が増加する。また自己株式を処分した場合は，自己株式が減少し，株主資本は増加する。

　企業が，すでに発行した自社株式を取得し保有し続ける株式を自己株式といい，一般的には金庫株とも呼ばれる。

貸 借 対 照 表　（純資産の部のみ）

純資産の部	前期末	当期末
Ⅰ　株 主 資 本		
1　資 本 金	300	350
2　資本剰余金		
ⅰ　資本準備金	35	85
ⅱ　その他資本剰余金	15	15
資本剰余金合計		
3　利益剰余金		
ⅰ　利益準備金	15	20
ⅱ　その他利益剰余金	55	180
利益剰余金合計		
4　自 己 株 式	△30	△30
Ⅱ　評価・換算差額等		
1　その他有価証券評価差額金	50	62
Ⅲ　新株予約権	20	20

株主資本等変動計算書

	株主資本								評価・換算差額等		新株予約権	純資産合計
	資本金	資本剰余金			利益剰余金			自己株式	株主資本合計	その他有価証券評価差額	評価・換算差額等合計	
		資本準備金	その他資本剰余金	資本剰余金合計	利益準備金	その他利益剰余金	利益剰余金合計					
前期末残高	300	35	15	50	15	55	70	△30	390	50	50	20	460
当期変動額													
新株の発行	50	50		50					100				100
剰余金の配当					5	△55	△50		△50				△50
当期純利益						180	180		180				180
自己株式の処分													
株主資本以外の項目の当期変動額（純額）										12	12		12
当期変動額合計	50	50	−	50	5	125	130	−	230	12	12	−	242
当期末残高	350	85	15	100	20	180	200	△30	620	62	62	20	702

7 配当性向

　配当性向とは，当期純利益のうち配当金として株主にどれだけ分配したかを示す比率である。利益は，全て会社の所有者である株主のものであるが，課税上の問題や経営政策，配当の平準化政策などから利益の一部しか配当に回されない。特に，日本では株主軽視の風潮があり，利益に関係なく配当額を決めている傾向がある。

$$配当性向 = \frac{配当金}{当期純利益}$$

1株5円の配当というのは，1株を所有する株主に年間5円の配当金を支払うことである。昭和25年以前に設立された企業は，額面50円とする株式を発行している場合，年間5円の配当ということは，額面に対して1割の配当であるので，配当率1割となる。

5円配当の場合は，企業の発行済み株式数に5円を掛けて，必要な配当額を決めている。日本の場合は，その年の利益ではなく，毎年の慣例で配当額を決めていた。そのために，配当性向と配当率との一定の関係はなく，多くの利益が発生した時は，配当性向は下がり，利益が少ない時は配当性向は高くなっていた。

しかし，イギリスなどでは，配当性向の計算式の分母と分子を入れ替えて配当倍率として計算されており，当期に支払われた配当金は利益の何倍かを示すものとなる。すなわち，配当倍率は配当金の余裕を示す指標となる。当期の配当に無理がないかを判断する指標なのである。

第7章
キャッシュ・フロー計算書
- Cash flow - Statement -

1 財務三表の関連性

　会社の活動を，数字を使って表したものが財務諸表である。この財務諸表は，貸借対照表（B／S），損益計算書（P／L）およびキャッシュ・フロー計算書（C／F）を財務三表といい，その他に株主資本等変動計算書を入れて財務四表ともいわれている。ここでは，財務三表のつながりについて知ることにより，会計の基本的な仕組みを理解することにする。

【財務三表の期間における関連図】

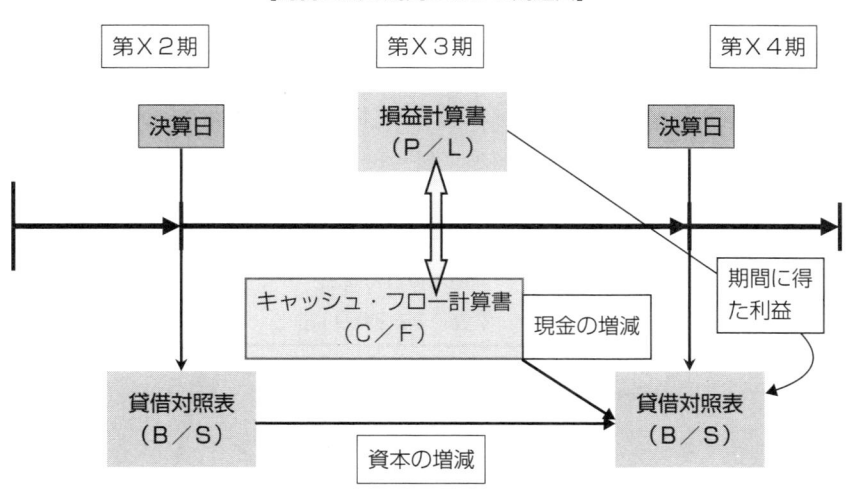

| 第X2期 | 第X3期 | 第X4期 |

決算日　　　損益計算書（P／L）　　　決算日

キャッシュ・フロー計算書（C／F）　現金の増減

貸借対照表（B／S）　　　　　　　　貸借対照表（B／S）

資本の増減

期間に得た利益

　期の初め（期首）の一時点の貸借対照表と期の終わり（期末）の一時点の貸借対照表の財産の内容である財政状態を表し，その期間の間に実質増額した一

- 143 -

年間の利益分だけが当期純利益として期末資本に記入されている。その当期純利益は，損益計算書において収益から費用を差し引いた金額が指し示している。この当期純利益により，貸借対照表と損益計算書の関連を理解することができる。

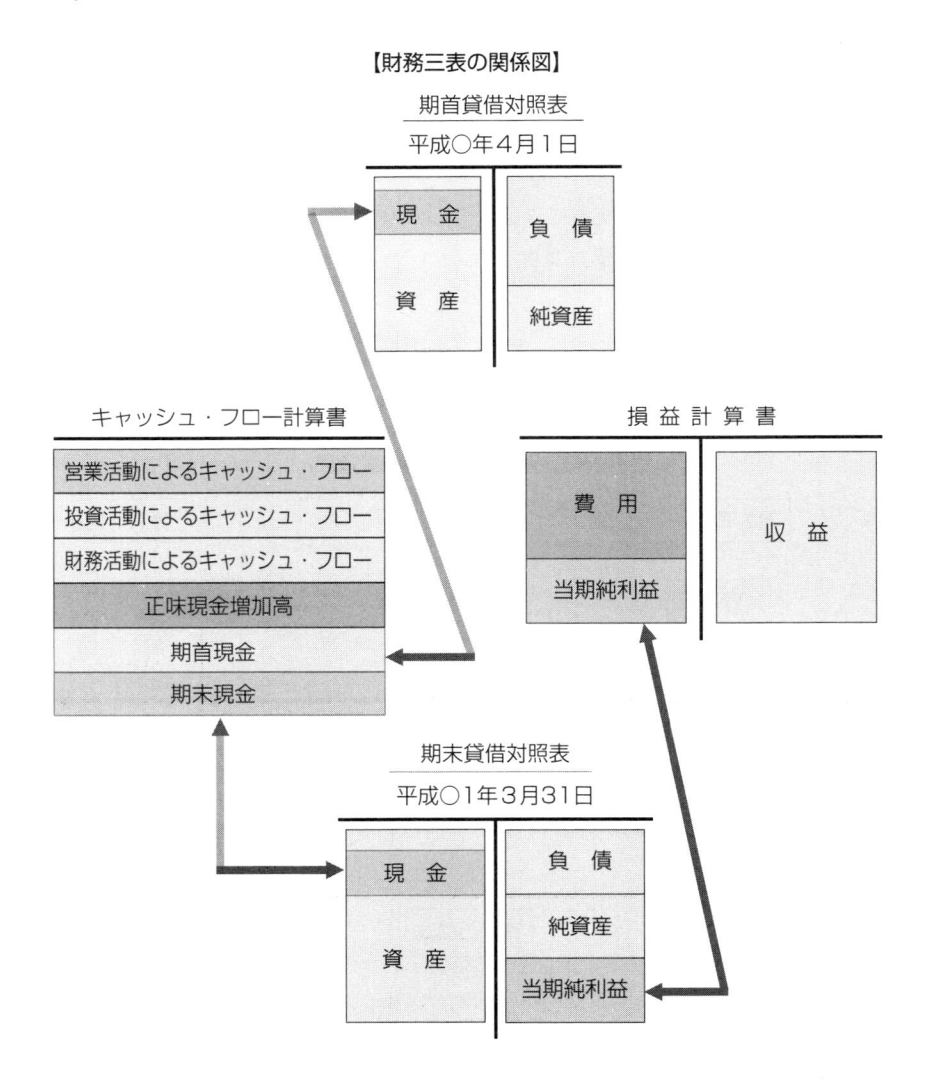

【財務三表の関係図】

期首貸借対照表
平成〇年4月1日

| 現　金 | 負　債 |
| 資　産 | 純資産 |

キャッシュ・フロー計算書

| 営業活動によるキャッシュ・フロー |
| 投資活動によるキャッシュ・フロー |
| 財務活動によるキャッシュ・フロー |
| 正味現金増加高 |
| 期首現金 |
| 期末現金 |

損益計算書

| 費　用 | 収　益 |
| 当期純利益 | |

期末貸借対照表
平成〇1年3月31日

現　金	負　債
資　産	純資産
	当期純利益

- 144 -

第7章　キャッシュ・フロー計算書

　貸借対照表とキャッシュ・フロー計算書との関係は，期首と期末の現金のストックだけを表示しているのが貸借対照表であり，期間中のフローを表示しているのがキャッシュ・フロー計算書である。最終残高を計算するときに，期末現金の残高と照合することができる関係になっている。

2　期間を表すキャッシュ・フロー計算書

　日本においてのキャッシュ・フロー計算書は，2000年3月期決算から連結キャッシュ・フロー計算書の開示が当時の証券取引法によって義務づけられた。営業活動，投資活動，財務活動のそれぞれから生じた現金の収支の流れが記載される。

　会計的に損益計算書とキャッシュ・フロー計算書との関係を図に示せば，次のような図として表現できる。

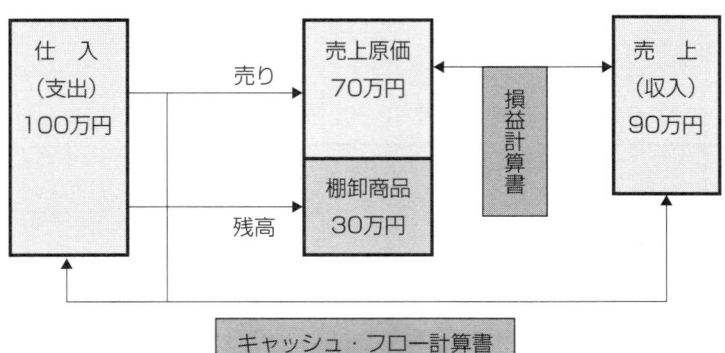

　左側の「仕入（支出）100万円」は，商品を現金で100万円仕入れたということを表している。そして，その商品の原価分70万円を現金90万円で売り渡したということを売上原価70万円と示し，右側に売上（収入）90万円を示している。この場合には，仕入れた100万円から売上原価70万円を差し引いたものは，棚卸商品となり30万円の残りとなる。この時の売上と売上原価との対比を見るのが損益計算書であり，現金売上と現金仕入の90万円と100万円はキャッシュ・

フロー計算書の算出方法を示していることになる。

損益計算書

売上（90万円）－売上原価（70万円）＝利益（20万円）

キャッシュ・フロー計算書

売上収入（90万円）－仕入支出（100万円）＝純支出（△10万円）

損益計算書では，20万円の黒字を示しているが，キャッシュ・フロー計算書は，10万円マイナスを示すことになる。ただし，この図では売上を現金収入とし，仕入を現金支出としてキャッシュ・フローに入れてしまっているが，実際，仕入は買掛金として残り，その後は手形の支払いなどにより，現金が出ていくのはもっと後になる。損益計算書とキャッシュ・フロー計算書では，このような現金収支と利益との違いのほかに，売上回収条件や支払条件が違っているとその差は相当出てくる。

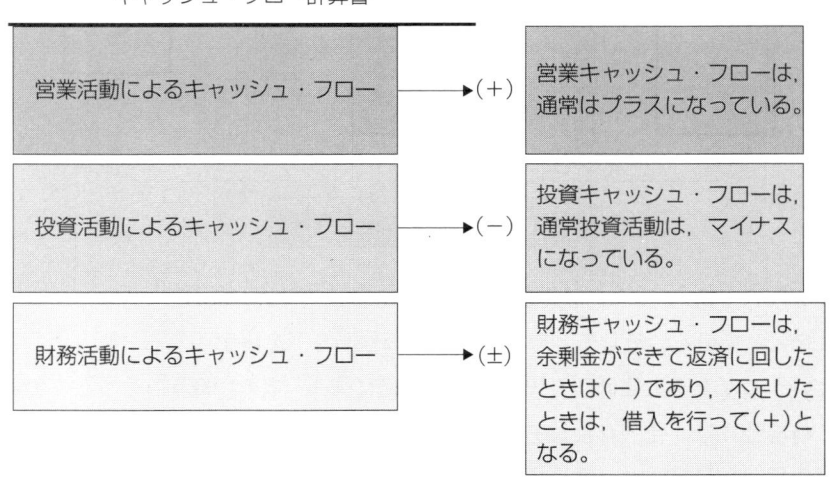

キャッシュ・フロー計算書は，「営業活動によるキャッシュ・フロー」「投資活動によるキャッシュ・フロー」「財務活動によるキャッシュ・フロー」の3つに分類されている。

キャッシュ・フロー計算書

区分	符号	説明
営業活動によるキャッシュ・フロー	(＋)	営業キャッシュ・フローは，通常はプラスになっている。
投資活動によるキャッシュ・フロー	(－)	投資キャッシュ・フローは，通常投資活動は，マイナスになっている。
財務活動によるキャッシュ・フロー	(±)	財務キャッシュ・フローは，余剰金ができて返済に回したときは(－)であり，不足したときは，借入を行って(＋)となる。

■■ 営業活動によるキャッシュ・フロー

　商品を販売したり役務を提供したりした現金収入と商品や役務の購入による支出などの取引のほか，投資活動や財務活動以外の現金取引による流れが記載される。すなわち，商品売買による現金収支の流れだけではなく，利害関係者との関係維持も営業活動の一環と考えられる。そのために，銀行や株主との関係や国や地方公共団体との関係維持も含まれる。支払利息や配当金および税金なども営業活動によるキャッシュ・フローとして認識される。営業活動によるキャッシュ・フローは，プラスでないと企業の継続的な活動が難しくなり存続が怪しくなってくるので，マイナスになることは避けなければならない。

　表示における間接法では，税引前利益に貸倒引当金などの増加額や減価償却費を足し算する。減価償却費などは損益計算書の上では費用として処理しているが，実際に資金が社外に流出したわけではないから＋（プラス）して表示する。さらに，二期分の貸借対照表から売掛金や買掛金などの増減を調整する。買掛金の増加は支払いの猶予をしていることであり，手元資金の増加につながる。逆に売掛金や棚卸資産の増加は，資金の流失として処理する。最後は，支払った法人税額を引き算する。それぞれの項目をまとめると次のようになる。

【営業活動によるキャッシュ・フローの作成手順】

①	税引前当期利益	損益計算書より
②	非資金損益を調整	＋減価償却費 －有形固定資産除却損 －有価証券評価損 －退職引当金の増加額
③	受取配当金・支払利息	－受取利息 －受取配当金 ＋支払利息
④	投資活動・財務活動の調整	－有形固定資産売却益 －自社株売却益 ＋有価証券売却損 ＋為替差損

⑤	投資活動・財務活動以外の調整	＋損害賠償損失
⑥	営業に関わる資産負債の増減調整	－売上債権の増加額 ＋棚卸資産の減少額 －仕入債務の減少額 ＋手形売却の増加　etc
⑦	剰余金減少項目	－役員賞与の支払額
⑧	受取利息および受取配当金 支払利息を調整	－利息および配当金の受取額 ＋利息の支払額
⑨	投資活動，財務活動以外の取引を調整	－損害賠償金
⑩	法人税等を調整	－法人税等の支払額

```
           キャッシュ・フロー計算書
        自平成○年4月1日　至平成○1年3月31日
  Ⅰ　営業活動によるキャッシュ・フロー
      1  税引前当期利益・・・・・・・・・　　 000円
      2  減価償却費・・・・・・・・・・・ ＋） 000円
      3  投資有価証券売却益・・・・・・・ －） 000円
      4  土地売却益・・・・・・・・・・・ －） 000円
      5  売上債権の増加額・・・・・・・・ －） 000円
      6  棚卸資産の減少額・・・・・・・・ ＋） 000円
      7  仕入債務の増加額・・・・・・・・ ＋） 000円
      8  利息・配当受取額・・・・・・・・ ＋） 000円
      9  利息支払額・・・・・・・・・・・ －） 000円
     10  法人税等の支払額・・・・・・・・ －） 000円
```

■■ 投資活動によるキャッシュ・フロー

　将来の営業活動の成長・発展のために行った活動である。有形固定資産の取得や売却および有価証券の取得や売却活動などを指している。成長継続のために，新しい機械設備を取得したり，固定資産を売却して，その現金収入を新しい固定資産の取得に充てたりするときに起こる現金収入であり，現金支出である。このほか，ベンチャー企業への出資や投資信託などの金融商品の取得など

も含まれる。投資活動によるキャッシュ・フローは，マイナスになっているのは，積極的な投資活動を行っている企業に多く見られる。ただし，事業整理を進めている企業には，投資キャッシュ・フローが大幅な＋（プラス）黒字になっている事例が多い。

【投資活動によるキャッシュ・フローの作成手順】

①	固定資産の取得原価の増減額	収入を＋，支出を－にする。
②	有価証券の増減額	収入を＋，支出を－にする。
③	投資有価証券の増減額	収入を＋，支出を－にする。
④	資金の貸付金の増減額	収入を＋，支出を－にする。

```
Ⅱ 投資活動によるキャッシュ・フロー
  1 定期預金の払戻しによる収入・・・・・・ ＋）000円
  2 有形固定資産売却による収入・・・・・・ ＋）000円
  3 有形固定資産取得による支出・・・・・・ －）000円
  4 投資有価証券取得による支出・・・・・・ －）000円
  投資活動によるキャッシュ・フローの合計・・   000円
```

■■ 財務活動によるキャッシュ・フロー

　営業活動と投資活動をサポートする活動である。営業活動のキャッシュ・フローや投資活動のキャッシュ・フローが足りなくなった場合は，短期や長期の借入れを行ったり，株式を発行したりして現金を調達する。また，現金が余ってきた場合は，株主に配当を行ったり，債権者に借入れを返済したり，自己株式を取得したりする。

　営業によるキャッシュ・フローから投資によるキャッシュ・フローを差し引いたフリー・キャッシュ・フロー（純現金収支）の過不足を調整するのが，財務キャッシュ・フローの役割である。積極的な設備投資でフリー・キャッシュ・フローが－（マイナス）赤字になると銀行からの借入れや社債発行など外部から資金を調達したことが表示されている。

【財務活動によるキャッシュ・フローの作成手順】

①	短期借入金の増減額	純増を＋，減を－する。
②	長期借入金の増減額	純増を＋，減を－する。
③	資本・社債	純増を＋，減を－する。
④	剰余金の増減額	純増を＋，減を－する。

```
Ⅲ　財務活動によるキャッシュ・フロー
　　1　短期借入金の純減少額・・・・・・・・・　－）000円
　　2　長期借入れによる収入・・・・・・・・・　＋）000円
　　3　長期借入金の返済による支出・・・・・　－）000円
　　4　配当金の支払額・・・・・・・・・・・・　＋）000円
　　財務活動によるキャッシュ・フローの合計額・　　000円
　　現金及び現金等価物の増減額・・・・・・・　　000円
　　現金及び現金等価物の期首残高・・・・・・　　000円
　　現金及び現金等価物の期末残高・・・・・・　　000円
```

3　キャッシュ・フロー経営

　キャッシュ・フロー計算書の作成が各企業に義務付けられるようになり，投資家や取引先は企業全体の資金の流れや財務戦略を把握することができるようになった。そのことにより，キャッシュ・フロー（現金収支）を重視する経営が広がっている。

　キャッシュ・フローは，企業経営の血液であり，キャッシュを企業に投入し回収するというプロセスを通して経営価値の創出を行っている。日本企業もキャッシュ・フロー経営を行って来たが，キャッシュ・フロー重視の経営の仕方が日本とアメリカとでは違っているのである。日本は，事業規模拡大と雇用維持のために「資金繰り」としてのキャッシュ・フロー経営を行って来た。銀行との関係維持を最優先するという今までの日本は，雇用を優先して赤字事業や低収益事業を抱え込みながらの経営であった。すなわち，日本のキャッ

シュ・フロー経営は，資金をやりくりする「資金繰り経営」である。「資金繰り経営」は貯める経営を目指すが，「キャッシュ・フロー経営」は使う経営だということができる。

　キャッシュ・フロー経営は，経営者が投資家から預託された資本ストックを本業に投資して，経営力によってどれだけ増殖できるかを問うものである。すなわち，キャッシュの流れをつくり出す経営である。この違いは，豊かで成熟した国である日本に対するメッセージとして受け取ることができる。それは，今までに営々として蓄積した金融資産のストックを有効活用することにより，繁栄する経済に脱皮するためのメッセージとして読み取ることができる。これは，土地を持って，インフレを待った含み益経営でもなく，稼いできたキャッシュを貯めるだけの経営でもない。キャッシュの使い方が問われる経営へと脱皮せねばならない。

　日本経済には，不動産や株が右肩上がりで上昇していくという神話が存在していた。しかし，利益があっても倒産した会社はあった。キャッシュが無くなれば会社は倒産する。キャッシュ・フローが悪いと「勘定合って（利益は出ているが）銭足らず（手元に現金がない）」になって，資金繰りに困ってくる。

　すなわち，今まで通りに損益計算書と貸借対照表をつくっているときには，会計は経理部だけの仕事であった。キャッシュ・フロー計算書が財務諸表の中に加えられるということは，会社経営に対してや，営業や製造関係者にも直接的に関係していることを意味している。ただし，この範囲内でのキャッシュ・フロー経営の理解は，今までの日本の会計制度の枠内の単純な発想からのものであろう。今後の会計の方向性としては，より管理会計的な要素が必要となり，会計情報的なシステム思考が要求されてくる。キャッシュ・フロー経営が今後の日本に与える影響は，キャッシュを稼ぎ出す能力がいかにあるかという尺度の下で，企業の真の実力を見ていこうとする傾向が浸透してきている。

　今後の日本の企業経営に対しては，キャッシュ・フロー経営の意味を真に理解しながら，「資金繰り経営」から投入したキャッシュに対して高いリターンを実現していけば，キャッシュ・フローは増加に転じるということを目指す経

営にしていかなくてはならない。これが，キャッシュ・フロー経営ということであろう。すなわち，よいキャッシュ・フローとは，現預金が手元資金として増えてきたことではない。手元に資金があるということは，キャッシュの流れがないということであって，キャッシュ・フロー経営が上手くいっていないということになる。

売　上　高	売上総利益率	資金回収率	商品在庫高
損　益　計　算　書		キャッシュ・フロー計算書	

　上の表で示したように，損益計算書は売上や利益率などの情報をもたらすが，キャッシュ・フロー計算書は資金回収率や商品在庫高に対する情報を与える。その他にも，在庫の計算方法（例えば，先入先出法など）などの会計方針の違いにより，利益計算は違ってくるが，その結果もたらされるキャッシュ・フローは，手元にキャッシュがいくらあるかは事実として残るのである。

4　キャッシュ・フロー情報にみる企業状況

　キャッシュ・フロー計算書には，貸借対照表や損益計算書にはない情報が再編集されている。情報学的には，基本財務表足りえる。キャッシュ・フロー計算書の項目は，営業活動によるキャッシュ・フロー（営業ＣＦ）と投資活動によるキャッシュ・フロー（投資ＣＦ）をプラスしたフリー・キャッシュ・フロー（ＦＣＦ）があり，そして，財務活動によるキャッシュ・フロー（財務ＣＦ）とがある。ただし，制度上のキャッシュ・フロー計算書には，フリー・キャッシュ・フローは出てこない項目である。

　フリー・キャッシュ・フローとは，企業本来の営業活動により獲得した営業キャッシュ・フローから，現事業維持のために投資に回した投資キャッシュ・フローを差し引いたものである。企業が事業活動から獲得したキャッシュのうち自由に使うことができるお金をフリー・キャッシュ・フローという。

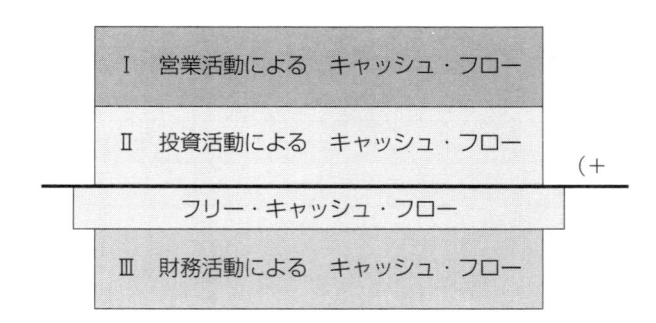

第7章　キャッシュ・フロー計算書

	Ⅰ　営業活動による　キャッシュ・フロー
	Ⅱ　投資活動による　キャッシュ・フロー
	フリー・キャッシュ・フロー
	Ⅲ　財務活動による　キャッシュ・フロー

　フリー・キャッシュ・フローは，経営者の経営判断により自由に使途を決めることが可能な資金である。そのため，このフリー・キャッシュ・フローは企業が戦略的な事業展開を行う際の元手となり，または借入金を返済して財務的健全性を高める場合の返済原資にもなる。

　それぞれの項目の数値がプラスかマイナスかだけで企業の経営状況を推察することができる。もちろん，表現されている数値によっても，状況の変化を察知することも可能ではあるが，ここではその数値についての推察は無視することにする。

	営業CF	投資CF	FCF	財務CF
安定型経営	(+)	(−)	(+)	(−)
形成型経営	(+)	(−)	(+)	(+)
成長型経営	(+)	(−)	(−)	(+)
惰性型経営	(+)	(−)	(−)	(−)
出直型経営	(+)	(+)	(+)	(−)
期待型経営	(+)	(+)	(+)	(+)
財産取潰型経営	(−)	(−)	(−)	(−)
逆転型経営	(−)	(−)	(−)	(+)
放漫型経営	(−)	(+)	(−)	(−)
危機型経営	(−)	(+)	(+)	(+)
死体型経営	(−)	(+)	(+)	(−)
急死型経営	(−)	(+)	(−)	(+)

■ 安定型経営

営業ＣＦ	投資ＣＦ	ＦＣＦ	財務ＣＦ
(＋)	(－)	(＋)	(－)

　借金を返済しながら，営業ＣＦで増えた資金を次の投資へも回しながら運営している。営業活動に集中して効率経営を行っている。ただし，投資も行っているが，その投資が将来の布石となるような投資であるかどうかという質が問題である。そのためには，投資に対しての詳細なデータが必要となる。安定という言葉の裏には常に危機があるということを意識してつけた名前である。

■ 形成型経営

営業ＣＦ	投資ＣＦ	ＦＣＦ	財務ＣＦ
(＋)	(－)	(＋)	(＋)

　営業ＣＦはプラスで，投資ＣＦはマイナス，ＦＣＦは通常型と同じようにプラスとなっている。営業は順調に進んでいると考えられる。金額の推移が問題ではあるが安定性を確保している。しかし，財務ＣＦがプラスになっているということは，借入れなどが増加して何かを仕掛けているということが想定できる。次の形成を狙って何かを行おうとしているが，形成という裏には廃棄を見なくてはならない。形成するということは，不安定になることであり，不安定になるからこそ形成できるのである。

　安定形成という言葉は，形成した後に振り返ったときには，安定形成であったということはできる。そのために，財務的には安全圏の中にあるので，その中で成長を願っての投資と考えられる。形成型とは質的な転換点にある。

■■ 成長型経営

営業CF	投資CF	FCF	財務CF
(+)	(−)	(−)	(+)

　借入れを行いながら，次の投資に向けて一段と大きく飛躍しようとしている企業である。現状に満足せずに，現状打破を求めていることは確かであろう。ベンチャー型の企業に多く，常に「借入過多」にならないようにする注意が必要となる。成形型とは量的な伸びだけを指している。

■■ 惰性型経営

営業CF	投資CF	FCF	財務CF
(+)	(−)	(−)	(−)

　営業CFは着実にプラスになっているが，それ以上の投資を行っている。そのためにFCFがマイナスになるという状態である。つまり，手元に資金のない状況にもかかわらず，投資に資金が回っている。利益管理の下で経営を行っている場合か，豊富な資金が過去の遺産であるときには，この過去からの惰性のもとで経営が行われる。惰性型経営で注意すべきは，キャッシュ・フロー金額の低減率である。この数値が落ちていると変革が必要になっている証でもあろう。

■■ 出直型経営

営業CF	投資CF	FCF	財務CF
(+)	(+)	(+)	(−)

　投資活動を中止し，今までの資金を借金の返済に充てている。ただし，どの方向へ出直しをしようとしているのかは，未だ不明の状態で，リ・ストラク

チャリングを推し進めている途中と見ることができる。企業の営業力を維持しながら，余剰設備を売却したり，廃棄したりすることによるコスト削減効果で，債務を返済することが可能なレベルであった。しかし，改革の踊り場のようなものであるから，今後の戦略の打ち出し方により将来が決まってくる。

■■ 期待型（M&A）経営

営業CF	投資CF	FCF	財務CF
（＋）	（＋）	（＋）	（＋）

全てのキャッシュ・フローがプラスという増加態勢は，今までの投資効果はあるが，投資の見直しを行い，投資CFをプラスにして，その上に増資や借入れにより相当大きな投資計画があることが想定できる。その主なものは，新しいM&Aなどが計画されている可能性がある。

■■ 財産取潰型経営

営業CF	投資CF	FCF	財務CF
（－）	（－）	（－）	（－）

全てのキャッシュ・フローがマイナスになっている場合である。借入れを返済しながら投資も行っているが，営業CFもマイナスであるということは，以前の投資の効果が出ていない状況で，今までに蓄えていた財産を処分している状態であると考えられる。手持ち資金を減らしながらの活動であり，次の一手を打つためのビジョンがあるかどうかに企業の命運がかかっている状態であろう。

逆転型経営

営業CF	投資CF	FCF	財務CF
(−)	(−)	(−)	(+)

　一発逆転を期待している企業である。今までのやり方では上手くいっていないため，大改革をして生まれ変わろうとしている様子がうかがい知れる。問題は，借入れの投資効果の成果が出るかどうかである。

放漫型経営

営業CF	投資CF	FCF	財務CF
(−)	(+)	(−)	(−)

　今まで所有していた資産などの切売りをして，借入れなどを返済している状況である。今までの投資の失敗か，放漫的な経営でしかなかったと見える。

危機型経営

営業CF	投資CF	FCF	財務CF
(−)	(+)	(+)	(+)

　営業CFがマイナスで，その穴埋めのために設備の売却などを行いながら返済を続けている。借金棒引きなどで生き残りを模索しているが，政府の方針や銀行の思惑で一気に状況が変わってしまうことにも注意が必要である。

死体型経営

営業CF	投資CF	FCF	財務CF
(−)	(+)	(+)	(−)

企業として資金的にはつぶれているが，営業ＣＦのマイナスを，設備の売却などの資産売却で補っており，銀行などの借入れの返済はできている。事業的には実質的には死んでいる状況である。

■■ 急死型経営

営業ＣＦ	投資ＣＦ	ＦＣＦ	財務ＣＦ
（－）	（＋）	（－）	（＋）

企業として資金的には潰れているが，営業ＣＦのマイナスを，設備の売却や銀行からの借入れで補っている状態である。これは，銀行管理下の中にある企業であるといってよい。ゆえに，銀行からの支援が打ち切られた瞬間に「サドンデス（急死）」になってしまう。

練習問題

次の２つの会社の要約したキャッシュ・フロー計算書がある。両社を比較したとき，資金不足に陥りそうな会社はどちらであるかについて述べなさい。また，全体的に見て経営面でどのようなことがわかるのかを説明しなさい。

【A社キャッシュ・フロー計算書】

営業活動によるキャッシュ・フロー	200,000
投資活動によるキャッシュ・フロー	－130,000
財務活動によるキャッシュ・フロー	－120,000
現金及び現金同等物の増加額	－50,000
現金及び現金同等物の期首残高	150,000
現金及び現金同等物の期末残高	100,000

【B社キャッシュ・フロー計算書】	
営業活動によるキャッシュ・フロー	-200,000
投資活動によるキャッシュ・フロー	50,000
財務活動によるキャッシュ・フロー	100,000
現金及び現金同等物の増加額	-50,000
現金及び現金同等物の期首残高	150,000
現金及び現金同等物の期末残高	100,000

5 間接法によるキャッシュ・フロー計算書の作成

　キャッシュ・フロー計算書は，企業の経営状況をいろいろなタイプに分けることができるような情報をもたらし，各企業の資金情報により企業の状態を解釈することも可能ではある。しかし，他の財務諸表との関連により，キャッシュ・フロー計算書の構造をもう少し知っておくことが重要となる。そのためにも，キャッシュ・フロー計算書の作成方法を知り，各勘定科目の相互関連を理解する必要がある。

　キャッシュ・フロー計算書の作成方法には，直接法および間接法がある。これらの方法は，貸借対照表と損益計算書から作成される。

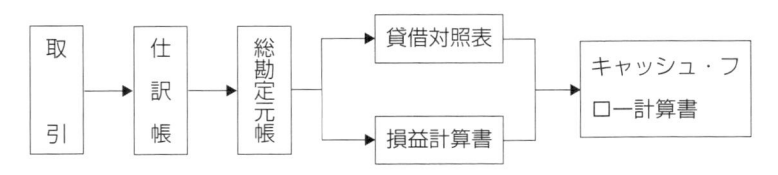

取引 → 仕訳帳 → 総勘定元帳 → 貸借対照表／損益計算書 → キャッシュ・フロー計算書

　上図から，キャッシュ・フロー計算書は，時点を表しているストックの貸借対照表と，期間を表しているフローの損益計算書から作成されることがわかる。キャッシュ・フロー計算書は，現金および現金同等物の期間のフローを表現している財務表であることを今一度確認しておかねばならない。

　損益計算書は，期間のフローを表現しているので，キャッシュに関わる情報

はそのまま使用することが可能である。しかし，貸借対照表は時点のストックを表しているので，期首の情報と期末の情報との変動による増減でフローを導き出すのである。

　間接法は，当期純利益からキャッシュ・フローを計算する方法である。まずは，損益計算書の税引前当期純利益から営業活動によるキャッシュ・フローを計算し始める。当期純利益は，収益から費用を差し引いた利益であって，営業収入すなわちキャッシュ・フローの収入の部分を最初に計算記入して，この箇所を起点として営業キャッシュ・フローを計算するのである。

【例】

前期貸借対照表 平成○年3月31日			
現金	300	買掛金	600
売掛金	400	資本金	1,000
棚卸資産	700	利益剰余金	100
貸倒引当金	△100		
建物	600		
減価償却累計額	△200		
	1,700		1,700

当期貸借対照表 平成○1年3月31日			
現金	700	買掛金	800
売掛金	300	資本金	1,000
棚卸資産	800	利益剰余金	300
貸倒引当金	△200		
建物	900		
減価償却累計額	△400		
	2,100		2,100

第7章　キャッシュ・フロー計算書

損　益　計　算　書

売　　上　　高		3,800
－）売　上　原　価		2,100
売　上　総　利　益		1,700
給　料　・　賞　与	600	
消　　耗　　品　　費	40	
貸　倒　引　当　繰　入	100	
－）減　価　償　却　費	200	940
営　　業　　利　　益		760
受　取　配　当　金	40	40
経　　常　　利　　益		800
税金等調整前当期純利益		800
－）法　　人　　税　　等		300
当　期　純　利　益		500

株主資本等変動計算書

純資産合計

　前期末残高　　　　　　　1,100

　当期変動額

　　　剰余金の配当　　△　300

　　　当期純利益　　　　　500

　当期末残高　　　　　　　1,300

　間接法によりキャッシュ・フロー計算書を作成する場合は，最初の項目は，税金等調整前当期純利益からスタートする。最初に，損益計算書の税引前当期利益を，そのままキャッシュ・フロー計算書の営業活動によるキャッシュ・フローへ記載する。この税引前当期利益という利益項目をキャッシュ・フローである資金の流れの数値に置き換える作業を行うのである。

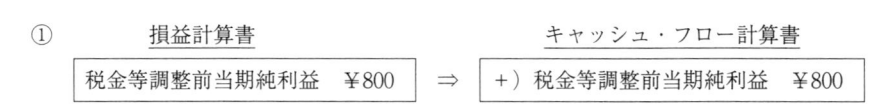

① 　　　　損益計算書　　　　　　　　　　キャッシュ・フロー計算書

　　| 税金等調整前当期純利益　¥800 |　⇒　| ＋）税金等調整前当期純利益　¥800 |

　キャッシュ・フロー計算書を作成する際の最初の段階は，損益計算書の税金

－ 161 －

等調整前当期純利益を起点として,営業費用ではあるがキャッシュ・フロー計算書の営業活動における現金支出ではないものを調整する。

②
損益計算書	キャッシュ・フロー計算書
減価償却費　¥200	+) 減価償却費　¥200

貸借対照表
期首の減価償却累計額　¥200
期末の減価償却累計額　¥400

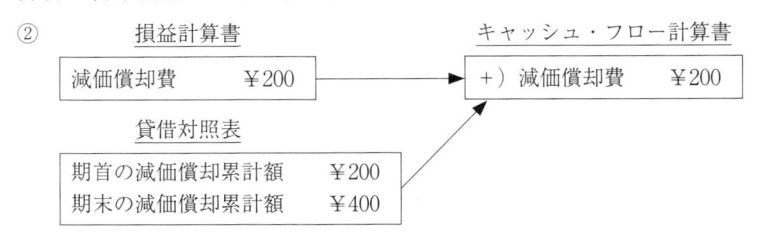

　その調整の最初に行うのが,減価償却費である。減価償却費は税金等調整前当期純利益の計算に算入されているが,キャッシュ・フローの支出を伴わないので,キャッシュ・フロー計算書にはプラス計算する。減価償却費などの非資金損益項目は,税金等調整前当期純利益にプラスされる。

③
損益計算書	キャッシュ・フロー計算書
貸倒引当金繰入　¥100	+) 貸倒引当金増加額　¥100

貸借対照表
期首の貸倒引当金　¥100
期末の貸倒引当金　¥200

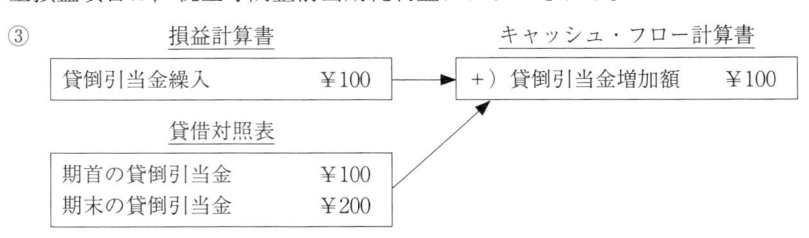

　この他に,貸倒引当金も,非資金損益項目に該当する。そのために,税金等調整前当期純利益にはプラスされる。

④
損益計算書	キャッシュ・フロー計算書
受取配当金　¥40	－) 受取配当金　¥40
	+) 配当金の受取額　¥40

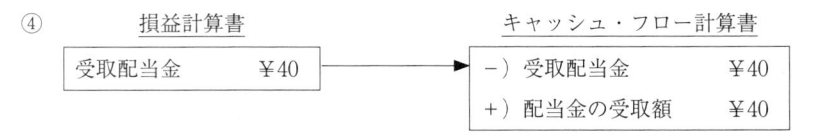

　税金等調整前当期純利益の中には,営業外活動の損益である営業外損益や特別損益も含まれている。そのために,営業外損益や特別損益を控除することにより逆算的に営業利益が算出される。受取配当金は,税金等調整前当期純利益に増加させるが,営業活動におけるキャッシュ・フローには含めないためにこれを支出項目としてマイナスとして表示する。

第7章 キャッシュ・フロー計算書

>利息・配当金の表示方法

　作成基準では，利息・配当金の表示方法には，2つの方法の選択適用がある。受取利息，受取配当金，支払利息は，損益計算書に反映されているために，「営業活動によるキャッシュ・フロー」においてマイナス表示して，それが受取りである場合は，キャッシュを受け取っているために営業活動にプラスで記載してもよく，投資活動にプラスして記載してもよい。

　ここでは，営業活動におけるキャッシュ・フローの中に入れている。

	営業活動	投資活動	財務活動
受取配当金	○	◎	
受取利息	○	○	
支払利息	○		○

⑤　　　貸借対照表　　　　　　　　　　キャッシュ・フロー計算書
　　期首の売掛金　¥400　　　→　　＋）売上債権の減少額　¥100
　　期末の売掛金　¥300

　次に，売上債権の増加の調整をする。期首の売掛金と期末の売掛金との増減を見て，期末売掛金が減少しているならば，当期の売上のうち，キャッシュ・フローが伴っていないから当期利益からは差し引いて算出する。

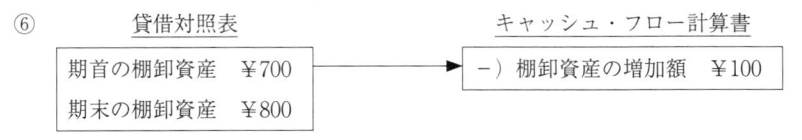

⑥　　　貸借対照表　　　　　　　　　　キャッシュ・フロー計算書
　　期首の棚卸資産　¥700　　→　　－）棚卸資産の増加額　¥100
　　期末の棚卸資産　¥800

　棚卸資産の減少の調整は，期首の棚卸資産と期末の棚卸資産との増減を見て，期末棚卸資産が減少していると売上原価よりも少なくキャッシュ・フローが押さえられているので，その額だけを当期利益からプラスする。

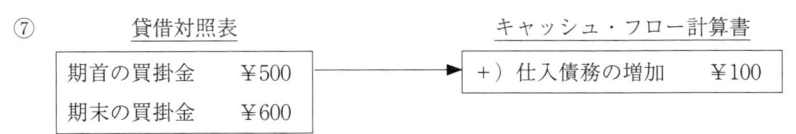

⑦　　　貸借対照表　　　　　　　　　　キャッシュ・フロー計算書
　　期首の買掛金　¥500　　　→　　＋）仕入債務の増加　¥100
　　期末の買掛金　¥600

　仕入債務の増加の調整は，期首の買掛金と期末の買掛金との増減を見て，期末買掛金が増加しているとその分だけ棚卸資産に対するキャッシュ・フローの

支出が行われていないことになるため，その額だけを当期利益にプラスする。

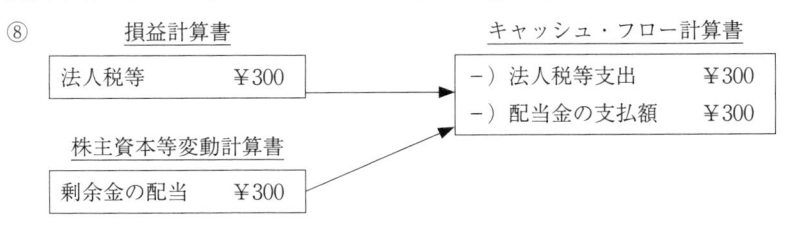

⑧　　　　損益計算書　　　　　　　　　キャッシュ・フロー計算書

法人税等	¥300

→

－）法人税等支出	¥300
－）配当金の支払額	¥300

　　　株主資本等変動計算書

剰余金の配当	¥300

利益剰余金の増減には，当期純利益の他には配当金などがある。法人税等は，損益計算書で税金等調整前当期純利益からは，まだ差し引かれていないのでここでマイナスされる。株主資本等変動計算書の中で「剰余金の配当」の支払いが記述されているので，その金額を配当金の支払額として「財務活動におけるキャッシュ・フロー」よりマイナスする。

ただし，「剰余金の配当」のように損益計算書に反映されない支払われた配当金は「財務活動におけるキャッシュ・フロー」もしくは「投資活動におけるキャッシュ・フロー」に記載してもよい。これは，各企業の考え方により選択できるようになっている。ここでは，財務キャッシュ・フローの項目で表示している。

	営業活動	投資活動	財務活動
剰余金の配当		○	◎

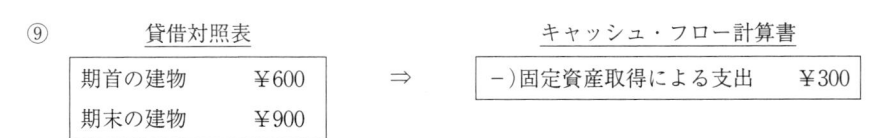

⑨　　　　貸借対照表　　　　　　　　　　キャッシュ・フロー計算書

期首の建物	¥600
期末の建物	¥900

⇒

－）固定資産取得による支出	¥300

最後に，貸借対照表の建物勘定が増加しているのは，投資活動によるキャッシュ・フローの中で建物の取得による支出としてマイナスで記載する。

第7章　キャッシュ・フロー計算書

キャッシュ・フロー計算書

○○株式会社

平成○年4月1日～平成○年3月31日

Ⅰ	営業活動によるキャッシュ・フロー	
①	税金等調整前当期純利益	800
②	減価償却費	200
③	貸倒引当金の増加額	100
④	受取配当金	△ 40
⑤	売上債権の減少額	100
⑥	棚卸資産の増加額	△ 100
⑦	仕入債務の増加額	200
	小　計	1,260
⑧	法人税等支出	△ 300
	営業活動によるキャッシュ・フロー	960
Ⅱ	投資活動によるキャッシュ・フロー	
④	配当金の受取額	40
⑨	建物取得による支出	△ 300
	投資活動によるキャッシュ・フロー	△ 260
Ⅲ	財務活動によるキャッシュ・フロー	
⑧	剰余金の配当	△ 300
	財務活動によるキャッシュ・フロー	△ 300
Ⅳ	現金及び現金等価物の増減額	400
Ⅴ	現金及び現金等価物の期首残高	300
Ⅵ	現金及び現金等価物の期末	700

　固定資産の増減は，キャッシュ・フローに影響する。固定資産が増加したときには，未だ支払っていない資金すなわち未払金をマイナスして計算する。ここでは，未払金はないので固定資産の増加分だけで記載している。

6　キャッシュ・フロー情報分析

　キャッシュ・フロー計算書は，従来の資金収支表とは異なり，連結財務諸表として提出しなければならない。従来の経営分析指標では，安全性は確保され

ていた企業においても，突然倒産するということがあった。それは，どれだけ利益をあげていたからといって，資金であるキャッシュがショートすれば企業は倒産する。従来の安全性分析の指標は，一時点における支払能力などはわかるがキャッシュの流れについての情報はなかった。そのために，経営分析の手法にキャッシュ・フローの考え方を取り入れて，企業を評価することが重要になった。

■■ キャッシュ・フロー・マージン

　キャッシュ・フロー・マージンとは，営業キャッシュ・フローを売上高で割ったもので，売上がどれだけの営業キャッシュ・フローを生み出したかという情報を表している。キャッシュ・フローをどれだけ意識して営業活動を行っているかを表している指標である。日本では，売上高と販売シェアー一辺倒で行っていた営業活動が，利益中心の営業活動に移り，次にはキャッシュ・フロー・マージン指標へと移って行くであろう。

$$\text{キャッシュ・フロー・マージン} = \frac{\text{営業キャッシュ・フロー}}{\text{売上高}} \times 100\,(\%)$$

　キャッシュ・フロー・マージンは，売上営業利益率と比較しながらその企業の資金回収率を見ていくことができる。キャッシュ・フロー計算書の作成方法の間接法では，営業キャッシュ・フローの要素として税引前当期利益と減価償却費があった。減価償却費の金額が多くの割合を占めていると営業キャッシュ・フローの安定要因が大きくなる。そして，税引前当期利益の割合が減価償却費より多い場合は，純利益に依存しているキャッシュ・フロー経営であり，成長性が高いといえる。すなわち，大規模な設備投資をしているところは，減価償却費が大きいので，費用は大きくなるがキャッシュの支出が少なくて済むので，計画的な借入返済が可能で安定的にキャッシュを生み出しやすくなっている。

■■ 営業キャッシュ・フロー流動負債比率

　営業キャッシュ・フローを流動負債で割ったもので，営業キャッシュ・フローが流動負債の何倍であるかを示している。この比率は，高いほど返済能力があるといえる。

$$\text{営業キャッシュ・フロー流動負債比率} = \frac{\text{営業キャッシュ・フロー}}{\text{流動負債}} \times 100\,(\%)$$

■■ キャッシュ・フロー比率

　営業キャッシュ・フローを固定負債で割ったもので，長期負債の返済能力を示している。固定負債には，長期借入金，社債，転換社債，新株引受権社債などがある。

$$\text{キャッシュ・フロー比率} = \frac{\text{営業キャッシュ・フロー}}{\text{固定負債}} \times 100\,(\%)$$

■■ 資本キャッシュ・フロー比率（キャッシュ・フロー版ROA）

　総資本経常利益率（ROA）のキャッシュ・フロー版で，経常利益の代わりに営業キャッシュ・フローで計算する。

$$\text{総資本キャッシュ・フロー比率} = \frac{\text{営業キャッシュ・フロー}}{(\text{期首総資本}+\text{期末総資本})\div 2} \times 100\,(\%)$$

■■ インタレスト・カバレッジ・レシオ（ＩＣＲ）

利払前利益（営業利益＋受取利息・配当金）を支払利息で割って求めたものを，インタレスト・カバレッジ・レシオ（ＩＣＲ）という。このＩＣＲのキャッシュ・フロー版として営業キャッシュ・フロー＋支払利息＋税金の合計額を支払金利で割ったものが，キャッシュ・フロー版インタレスト・カバレッジ・レシオである。いずれも，利払能力を見るもので，倍率が高いほど，利払能力が高いといえる。

> キャッシュ・フロー版ＩＣＲ
> $= \dfrac{営業キャッシュ・フロー ＋ 支払金利 ＋ 税金}{支払利息・売却手形}$

インタレスト・カバレッジ・レシオは，借入負債を抱える会社の金利支払い能力を測る基本的指標であり，損益版とキャッシュ・フロー版インタレスト・カバレッジ・レシオがある。損益版は金利支払い前に出ている利益（営業利益）に受取金利を足して，それを支払金利で割る計算である。この指標の単位は倍数で表示され，倍率が高いほど金利返済上の余裕が大きいことになる。

損益版インタレスト・カバレッジ・レシオ25.7＝

（営業利益56,649＋受取利息368＋受取配当金０）÷支払利息2,215

　　　　　　　　　　　　＜楽天Ｈ21年度12月期より数字を引用＞

しかし，損益版のインタレスト・カバレッジ・レシオには問題がある。まず，分子として営業利益と受取利息の合計数字に加えて受取配当金を含めることが考えられるが，受取配当金を受取利息と同じように扱っていいのかという問題がある。株式投資といっても，取引先との持ち合いや取引関係を維持するための不可避的投資なのか，それとも財テクの色合いが濃い一時的投資なのかなどによって，受取配当金の意味が違ってくるからである。営業利益は，そもそも本業で獲得した利益である。配当金は，投資で回収される資金であるため，営業利益にこの配当金を含めてしまった場合，インタレスト・カバレッジ・レシ

オはそもそも借入負債を抱える会社の金利支払い能力を測る基本的指標であるため，本業で獲得した利益と投資で獲得した利益が混同してしまい，本業で獲得した利益で支払う能力を図ることができない。

　もうひとつの問題は，インタレスト・カバレッジ・レシオの計算基礎となる利払前利益について，はたして営業利益だけがこれに適する唯一の利益なのか，という点を考慮しなくてはならない。

　日本の損益計算書では，営業外損益の項目には経常的な性質をもつものもある。この項目を一切無視して，もっぱら営業利益によってインタレスト・カバレッジ・レシオを計算することには疑問がある，という声が出てくるかもしれない。この考え方に立つと，経常利益に支払金利を足し戻して「金利支払前の経常利益」を出し，これを支払い金利で割るというインタレスト・カバレッジ・レシオも考えられるだろう。その場合には，有価証券売却益などの一過性の強い営業外損益項目を除外するといった工夫が必要になる。

　このように損益計算書から把握できるインタレスト・カバレッジ・レシオについて，いくつかの方式と考え方がある。つまり，インタレスト・カバレッジ・レシオは企業信用力を判定する上で最も基礎的かつ重要なレシオであるからだ。

損 益 計 算 書

楽天株式会社　自平成21年1月1日　至平成21年12月31日

売　　　　上　　　　高		298,252
−）売　　上　　原　　価		70,039
売　　上　　総　　利　　益		228,212
−）販　　　　管　　　　費		171,563
営　　　業　　　利　　　益		56,649
受　　取　　配　　当　　金	185	
受　　　取　　　利　　　息	183	368
支　　　払　　　利　　　息	2,215	2,215
経　　　常　　　利　　　益		54,890
税金等調整当期純利益		52,529
−）法　　　人　　　税　　　等		−607
当　　期　　純　　利　　益		53,564

そして，もうひとつのキャッシュ・フロー版インタレスト・カバレッジ・レシオであるが，企業は金利を返済したり，元金返済をする時に利益をあげているかどうか，ではなく，キャッシュ・ベースでとらえた手元資金が十分にあるかどうかが決め手である。
　つまり，「キャッシュ・フロー版こそが本来の指標であって，損益計算書から得られる指標は"代表的な指標"にすぎない」という見方もある。

キャッシュ・フロー版インタレスト・カバレッジ・レシオ△26.2＝
　（営業キャッシュ・フロー－55,218＋支払利息－2,215＋税金－607）
　　÷支払利息2,215

　キャッシュ・フロー版インタレスト・カバレッジ・レシオは営業キャッシュ・フローに支払金利と支払税額を足した金額を支払金利で割る。間接法による営業キャッシュ・フロー収支を「税金等調整前純利益」から計算し，営業キャッシュ・フロー計算の中で税支払額を引くため，ここで説明した税金を足し戻す点では同じである。ここで，支払金利と税金も同時に足し戻すことが重要なポイントである。金利支払いの源泉となる負債の債権者，すなわち金融機関や社債保有者だけでなく，企業が税金を支払う先の税務当局の位置付けまでも見据えた上で，両項目を足し戻すという発想をしている。
　しかし，支払利息では，営業キャッシュ・フローと財務キャッシュ・フローに計上することができるため，財務キャッシュ・フローに計上した場合は，営業キャッシュ・フローに加算してはならない。なぜならば，税引前当期純利益から計算された営業キャッシュ・フローは営業活動によってどれくらいの支払い能力があるかを示すものであり，財務キャッシュ・フローに計上されているものを含めてしまうと，インタレスト・カバレッジ・レシオを求める際に，営業キャッシュ・フローで借入負債を抱える会社の金利支払い能力を測れなくなる恐れがある。

第7章 キャッシュ・フロー計算書

キャッシュ・フロー計算書

楽天株式会社　平成21年1月1日～平成21年12月31日
Ⅰ　営業活動によるキャッシュ・フロー
　　① 税引前当期利益　　　　　　　　　　　　　52,529
　　② 受取配当金　　　　　　　　　　　　　　　 −368
　　③ 支 払 利 息　　　　　　　　　　　　　　 2,215
　　　　　　小　計　　　　　　　　　　　　　 −37,228
　　⑧ 法人税等支出　　　　　　　　　　　　 −16,419
　　⑨ 受取配当金　　　　　　　　　　　　　　　　368
　　　営業活動によるキャッシュ・フロー　　　 −55,218
Ⅲ　財務活動によるキャッシュ・フロー
　　⑧ 支 払 利 息　　　　　　　　　　　　　 −2,215
　　　財務活動によるキャッシュ・フロー　　　　−2,215

　このように支払利息が財務キャッシュ・フローに計上されているため，キャッシュ・フロー版のインタレスト・カバレッジ・レシオを計算する際は，支払利息を除外する。

7　EBITDA (Earnings Before Interest, Taxes, Depreciation, and Amortization)

　EBITDAは，「イービットディーエー」もしくは「イービットダー」などと発音されているもので，会計基準や税率などによる影響を比較的に抑えられるのが特徴の指標であり，国際間での企業の収益力比較などに有用とされている。EBITDAは，「税引前利益」に「支払利息」と「減価償却費」を加えたものである。
　すなわち，収益性を見る指標は総資本営業利益率などであるが，その中の営業利益は，減価償却の方法により得られる数値が違ってくる。また，経常利益も株式の売却などの「益出し」により数値を上げることもできるために国際的に違った会計基準やそれぞれの国の事情により変化している経済状態などによ

る影響を最小限に抑え込んで計算された数値である。

　ＥＢＩＴＤＡは，キャッシュを伴わない非資金費用である「減価償却」を加えているため，企業のキャッシュから収益力を見ることができるということが重要視される理由である。

　しかし，最近は「株式市場で投資尺度の経験則が通じなくなってきたと当惑の声が広がっている。米国企業の不正会計疑惑がＥＢＩＴＤＡ倍率の信頼性が低下，株価純資産倍率も１倍割れが続出し，底入れのメドがつかみにくくなってきた。」(『日本経済新聞』2002年８月７日刊）という報道もされている。

【練習問題解答】

資金不足に陥っている企業は，B社である。

B社はキャッシュ・フローのタイプ別では「急死型経営」である。

企業として資金的には潰れているが，営業CFがマイナスで，その穴埋めのために設備の売却や銀行からの借入れで補っている状態である。これは，銀行管理下にある企業であるといってよい。ゆえに，銀行からの支援が打ち切られた瞬間に「サドンデス（急死）」になってしまう。

営業CF	投資CF	FCF	財務CF
(－)	(＋)	(－)	(＋)
▲200,000	50,000	▲150,000	100,000

A社はキャッシュ・フローのタイプ別では「安定型経営」である。

借金を返済しながら，営業CFで増えた資金を次の投資へも回しながら運営している。営業活動に集中して効率経営を行っている。ただし，投資も行っているが，その投資が将来の布石となるような投資であるかどうかという質が問題である。そのためには，投資に対しての詳細なデータが必要となる。

営業CF	投資CF	FCF	財務CF
(－)	(＋)	(－)	(＋)
▲200,000	50,000	▲150,000	100,000

※ 両社のキャッシュ・フローは，当期の増加額および最終的な期末残高では同額となっている。しかし，キャッシュ・フロー計算書で最も注目すべきは，どの活動から現金がどのくらい流入し，どのくらい流出しているのかという点である。それを把握することによって，企業の資金の流れがわかると同時に，企業経営に及ぼす影響を判断することができるようになる。

第8章

連結財務諸表
− Consolidated Financial Statement −

1 │ 個別決算から連結決算へ

　1964年（昭和39年）の日本経済の高度成長期に，山陽特殊鋼，サンウェーブ工業，日本繊維などの粉飾決算による大型倒産が頻発した。当時の大蔵大臣田中角栄は1965年（昭和40年）3月に企業会計審議会に対して「監査態勢の充実，強化を図る方策」について諮問を行い，連結財務諸表の検討を促している。そして，1967年（昭和42年）5月19日に企業会計審議会より「連結財務諸表に関する意見書」が公表された。

　従来日本の会計制度は個別財務諸表を中心としてきたが，実際の企業活動は親会社を中心とする企業グループによって行われていた。企業活動の実態を反映させるために，1977年（昭和52年）4月より連結財務諸表制度によって，個別財務諸表では把握できなかった企業グループの活動状況が数値化された。

　1978年（昭和53年）3月期決算時の産業界は，海運・造船・住宅・不動産関連の構造不況業種を中心に「危機説」があり，1978年（昭和53年）2月に興人の大型倒産に続き，永大産業が会社更生法を申請し倒産している。この時期に連結決算導入を行っていたために，不二サッシ工業と不二サッシ販売の2社による431億円の巨額の粉飾決算の発見につながり，その重要性が強調された。

　連結財務諸表が重要視される理由は，親会社だけの個別財務諸表だけを作成して，連結財務諸表を作成・開示しないと親会社は子会社への不良資産の売却（とばし）や商品などを決算期末に大量に子会社に売却することによる利益操作などの不正な会計操作がしやすくなっていたことにある。こうした会計操作は連結財務諸表を作成・開示することで防止することが可能になる。

日本における連結財務諸表は，このような不正会計の防止対策の一環として制度化されていった歴史的背景がある。しかし，連結財務諸表の本来の目的は企業集団の経営成績や財政状態を真実かつ明瞭に開示し，信頼される企業になるために必要な機能なのである。信頼関係を樹立するための連結財務諸表として機能するために制度の趣旨に沿った姿勢であるならば，当然の結果として粉飾決算の防止にも役立つのである。

　その後，会計の国際化の要請により連結中心の財務諸表となった。国際会計基準へのコンバージェンスにより，1998年（平成10年）4月1日以降開始事業年度から段階的に，連結中心の会計制度に変わり，有価証券報告書などが個別財務諸表ベースから連結財務諸表ベースになった。

2　連結財務諸表とは

　連結財務諸表とは，企業グループに属する複数の企業を一つの企業とみなして作成する財務諸表のことである。具体的には，まず企業グループ内の複数企業の個別の財務諸表を「合算」して一つの財務諸表に「連結」したのが連結財務諸表である。

　ただし，単に複数の財務諸表を合計しただけでは連結財務諸表とはいえず，親会社の関係会社株式と子会社の資本金，連結子会社間の売上取引の相殺などの修正仕訳を行った上で連結財務諸表を作成するのである。

　連結財務諸表は，「親会社」「子会社」「関連会社」の3種類にわかれている。子会社の判断基準は，持株基準で過半数（50％超）を親会社が保有している場合は子会社となるのは当然であるが，「支配力基準」「影響力基準」として子会社に対して40％の株式しか保有していないが重要な関係である場合は子会社として認定される。この重要な関係とは，人事，資金などの関係を通じて，会社の財務や営業に対して影響を受けていることをいう。

　例えば，A社が親会社で，X社の株式を100％保有しているとする。そして，そのX社がY社の株を40％保有しているとする。また，A社はZ社の株を60％

第8章　連結財務諸表

保有している。そのZ社が，Y社の株を40％保有している場合，この全てのX・Y・Z社は子会社となる。そして，この中のX社がM社という会社の株式を80％所有していたとすると，このM社もA社の子会社となる。

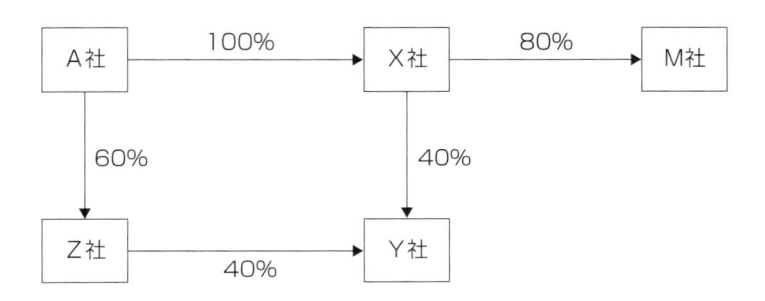

```
        100%           80%
  A社 ──────→ X社 ──────→ M社
   │             │
60%│          40%│
   ↓    40%     ↓
  Z社 ──────→ Y社
```

　グループ企業は，主力会社が子会社Bの議決権40％を持ち，さらに孫会社Eの議決権の20％を持つなど，親・子・孫会社のグループ全体を通して過半数以上の議決権をもつ場合なども連結の対象となる。

　さらに，主力会社がX社の株式を10％持ち，子会社BがX社の株式を20％持つ場合グループ全体では20％以上の議決権を持つことになり，X社は連結対象の関連会社とするルールもある。

　そして，子会社については親会社が株式を過半数所有することから，子会社の株主総会決議を「支配」でき，子会社の経営資源を親会社の意思決定に従って利用・処分することができる。そのため，連結財務諸表作成に当たって親会社と子会社は一体と見て，それぞれの財務諸表を合算する。

　一方，関連会社については，親会社は関連会社の株式を20％～30％所有している場合は，関連会社の株主総会決議を親会社の望むままに支配できない。ただ，大株主であることには間違いないので，株主総会決議に「影響」を及ぼすことができる。

　そのため，連結財務諸表作成に当たって親会社と関連会社の財務諸表は合算しない。合算しない代わりに関連会社の損益の状況に応じて親会社の所有している関連会社株式の帳簿価額を増減させる処理をする。これが「持分法」とい

− 177 −

われる会計処理である。

3 未実現利益の相殺・消去

　連結財務諸表は，ただ単に個別財務諸表を寄せ集めただけではなく，個別財務諸表を連結するときに個別財務諸表を相互に相殺消去しなければならない。

　例えば，あるA社がメーカーで親会社であり，B社が販売会社で子会社となっている。商品は，親会社Aが作ったものを子会社Bが販売している。

　A社は，B社への単価100円の製品を400個で40,000円売上をしている。その製品の売上原価は，単価50円で400個分であるから20,000円である。B社は，外部への売上が単価150円で200個分を30,000円売り上げている。その商品の売上原価は，単価100円で200個分であるから20,000円である。

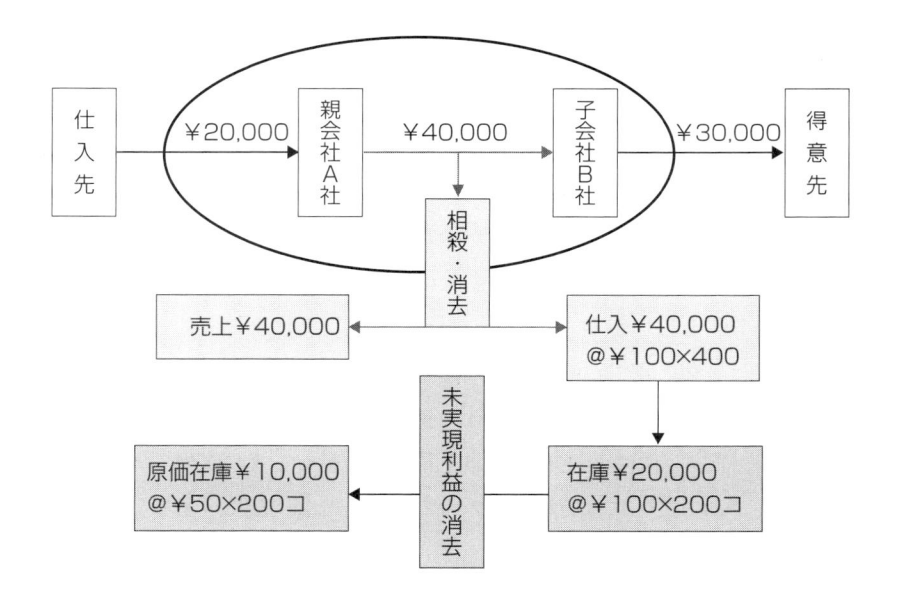

第8章　連結財務諸表

```
A社    B社への売上    @¥100×400個 = ¥40,000
       売上原価       @¥ 50×400個 = ¥20,000
B社    外部への売上   @¥150×200個 = ¥30,000
       売上原価       @¥100×200個 = ¥20,000
```

このような取引のみとすると，A社の損益計算書とB社の損益計算書は次のようになる。このときに，その他の費用として親会社には，12,000円子会社には8,000円発生しているとする。

親会社・A社P／L

売上高	40,000
売上原価	20,000
その他の費用	12,000
利益	8,000

子会社・B社P／L

売上高	30,000
売上原価	20,000
その他の費用	8,000
利益	2,000

次に親会社A社と子会社B社の損益計算書を，そのまま合計すると次のようになる。

合計P／L

売上高	70,000
売上原価	40,000
その他の費用	20,000
利益	10,000

しかし，連結でグループを一体として見たときには，売上と売上原価に対して親子間の取引は相殺・消去して示さねばならない。まず売上については，A社からB社への売上は，グループ内の取引となるから，売上高は全体の売上高¥70,000からマイナス¥40,000となる。そして，売上原価は，A社がB社に売った分の原価¥20,000を消去せねばならない。その他に子会社であるB社に棚卸分として200個は残っている。グループとしての棚卸の単価は，最初に仕

入れた時のA社の単価で＠¥50となり，在庫は¥50×200個の¥10,000となる。そこで，A社とB社の合計損益計算書の中からは，B社が抱えている在庫の中に含まれている未実現利益を減らさねばならない。

```
相殺・消去　売上高　　△¥40,000
　　　　　　売上原価　△¥20,000 ＋ ¥10,000
　　　　　　　　　　（¥10,000は在庫に含まれる未実現利益）
```

このような相殺消去の作業を行うことにより，前に示した合計損益計算書は，下に示すような連結の損益計算書となる。

```
　　　　　　　　連結P／L
売上高　　　　30,000（150×200）
売上原価　　　10,000（ 50×200）
その他の費用　20,000
利益　　　　　　　　 0
```

合計損益計算書では，¥10,000の利益があったものが連結になると利益が¥0ということになってくる。

従来の企業グループ運営は，単独決算中心主義であったため親会社中心であった。親会社の利益を優先して，子会社や関連会社の利益を犠牲にしてヒト・モノ・カネ・情報の管理を行うスタイルが多かった。親会社の土地を関係会社に高値で売却したり，関係会社を親会社の余剰人員の受け皿にしたり，親会社の利益をカサ上げするために関係会社からの配当を強要したり，親会社の利益操作まがいで利己的な行動がよく見受けられた。しかし，連結ベースになることによってこのような不正会計の発生を少しでも減らせる可能性が生まれてくる。

4 投資と資本の相殺・消去

■■ 「少数株主持分」が出てくる場合の連結作業

　親会社Ａ社が資本金のうち60％を出資，残り40％はＡ社とは資本関係がないＰ社が出資して，子会社Ｂ社を設立した場合のケースについて考えてみる。親会社Ａ社は現金120を出資してＢ社を設立する。子会社Ｂ社は，親会社Ａ社とＰ社から現金200の出資を受け設立されたとする。

　親会社Ａ社と子会社Ｂ社の貸借対照表は次のようになる。

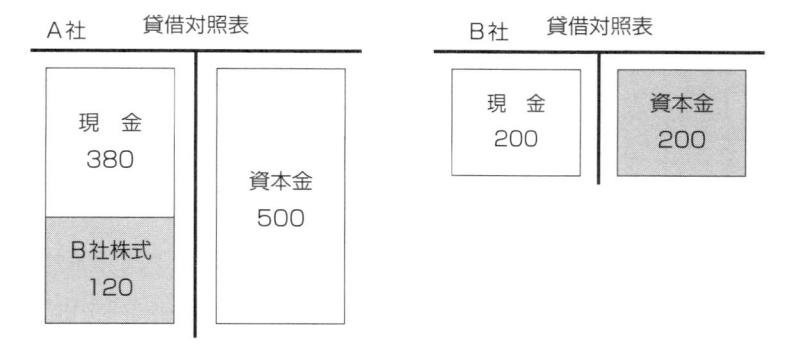

Ａ社　貸借対照表

現　金 380	資本金 500
Ｂ社株式 120	

Ｂ社　貸借対照表

現　金 200	資本金 200

　次に，この個別貸借対照表から連結貸借対照表をつくることにする。まずは，親会社Ａ社の貸借対照表と子会社Ｂ社の貸借対照表を合計する。

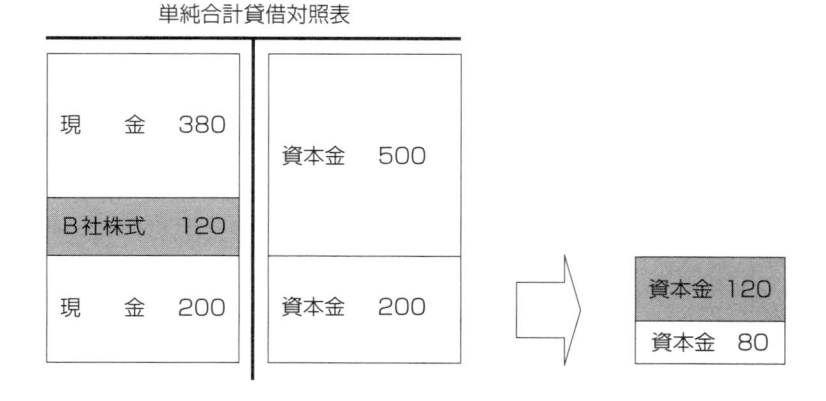

単純合計貸借対照表

現　金　380	資本金　500
Ｂ社株式　120	
現　金　200	資本金　200

⇒

	資本金 120
	資本金　80

- 181 -

親会社Ａ社が現金を120出資してＢ社を設立した。この取引は連結グループとしての内部取引である。それと同様にＢ社はＡ社から現金120の出資を受けているがこれも内部取引である。したがって，Ａ社とＢ社は，連結グループとして同じ企業であると考えると，この二つの取引は消去される。

　ただし，Ｐ社も出資者になっているが，Ｐ社は内部ではなく外部からの出資者なのでＰ社の取引は消去してはならない。すなわち，Ｐ社の出資額80に相当する資本金はそのまま残ってくるということは，連結貸借対照表に外部の出資者から資本金と区別するために，出資額の80については資本金という科目ではなく，「少数株主持分」という勘定科目を用いる。これにより，外部の出資者からの資本金は「少数株主持分」という区分に表示され，連結貸借対照表の資本金には親会社の資本金と同額が残ることになる。

　この「少数株主持分」は以前の連結の原則は「負債」項目でもなく「資本」の項目でもない中間的存在として独立項目として表示されていたが，今は純資産の項目として表示されるようになった。

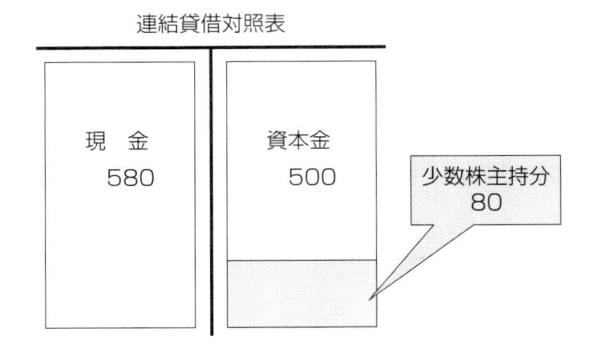

連結貸借対照表

現　金 580	資本金 500
	少数株主持分 80

　子会社の資本は，100％子会社の場合を除き，親会社が投資している部分と親会社以外が投資している部分とにわかれる。このうち前者については親会社の子会社株式勘定と相殺され，後者は，少数株主持分として貸借対照表の貸方に表示される。この手続きは，資本連結と呼ばれ，複雑な処理の一つである。

■■ 「少数株主持分」と「連結のれん」が出てくる場合の連結作業

　今までの事例では，親会社の投資である「B社株式」と子会社B社の親会社の持分は一致している場合を取り扱ってきた。これは，親会社が出資した金額を子会社の貸借対照表で資本金として計上していたからである。しかし，既に存在している会社の株式を取得した場合は，子会社の資本のうち親会社が持分の相当額が株式の取得価額と一致するとは限らない。この場合は，親会社の投資額と子会社の資本のうち親会社の持分との間に差額が生じる。この差額のことを投資消去差額といい，「連結のれん」として計上する。この勘定科目は借方側と貸方側を問わず発生する。

　親会社A社の取引として，子会社B社の発行済株式総数のうち60％を株主甲から80で取得し，子会社とした。株式取得時の子会社B社の貸借対照表は，次のとおりである。

子会社B社の貸借対照表

現　金　80	資本金　100
土　地　20	

　この子会社B社の資本金100のうち株主甲が60％を取得していた。その他の40％は別の株主乙が取得しているものとしている。この株主甲の60％の持分を親会社となるA社が80で取得したことを意味している。投資消去差額が20ということになる。

親会社A社の貸借対照表

現　金 400	資本金 480
子会社株式 80	

　この設例は，子会社B社の資本の60％を親会社A社の持分として株式の取得額80で計上されているのでその差額が，「連結のれん」として記帳される。

　すなわち，子会社B社の資本金勘定は100であるが，そのうちの60％を親会社A社が80で買ったことを意味している。なぜならば，子会社B社の土地に含み益があるなどの理由があればこのようなことも考えられる。このような事情から，親会社A社の投資である子会社B社の株式と子会社B社の親会社持分とは一致していない。連結に当たっては，投資であるB社株式と子会社B社の親会社持分は相殺消去しなければ連結することができない。

単純合計貸借対照表

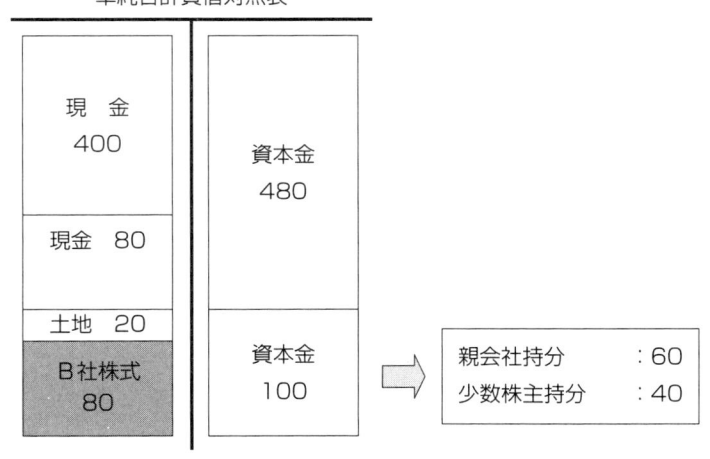

現　金 400	資本金 480
現金　80	
土地　20	
B社株式 80	資本金 100

⇒ 親会社持分　：60
　 少数株主持分：40

この手続きにおいて，単純合計貸借対照表に示された子会社100の「資本金」と親会社の「B社株式」80は相殺される。ただし，この時に子会社の100のうち60の持分のみを相殺するのであって，残りの「少数株主持分」40は新たに発生する。

　そして，親会社の子会社持分60は，「B社株式」として80で取得しているのであるから，その差額20は「連結のれん」として新たに発生する。子会社資本の親会社持分と親会社の投資分との差額が生じるときは，連結のれん勘定として計上される。

連結貸借対照表

現　金 480	資本金 480
土　地 20 連結のれん 20	少数株主持分 40

　この連結のれんは，個別貸借対照表に出てくる営業権のような「のれん代」と考えられる。上の図のように資本のうち親会社持分60と親会社A社の貸借対照表に計上されている「B社株式」80を比較して差額20が「連結のれん」となる。なお，株式乙は外部の出資者であるから，株式乙の持分は「少数株式持分」として示されることになる。

■■ 「少数株主損益」勘定が出てくる場合の連結作業

　連結損益計算書には，当期純利益の前に「少数株主損益」もしくは「少数株主利益（損失）」という勘定科目が出ている。それは，親会社の出資額の増殖部分と外部出資者の出資額の増殖部分を分けて捉えることを意味している。したがって，子会社の外部の出資者からの出資は「少数株主持分」として記載さ

れているが，それを元手に稼いだ剰余金の増加分（当期純利益）も少数株主持分として考えることになる。

　親会社A社の取引として，子会社B社の株式総数のうち60％を株主甲から200で取得し，子会社とした。株式取得時の子会社B社の貸借対照表・損益計算書は，次のとおりである。

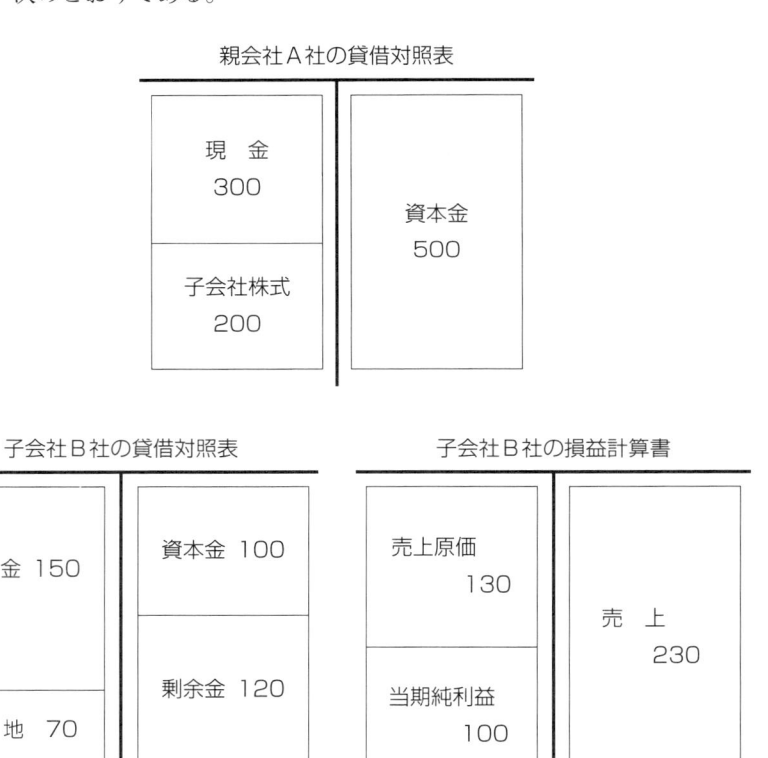

親会社A社の貸借対照表

現　金 300	資本金 500
子会社株式 200	

子会社B社の貸借対照表

現　金 150	資本金 100
土　地 70	剰余金 120

子会社B社の損益計算書

売上原価 130	売　上 230
当期純利益 100	

　今回の設例は，子会社B社が当期純利益を出し，貸借対照表に剰余金勘定が発生している状態での連結作業である。ただし，作業を単純化するために，損益計算書は子会社B社が利益を計上しただけで，親会社A社は営業活動をしていないものとして取り扱っている。すなわち，親子間の売上相殺消去との未実現利益の計算はないものとしている。そのために，単純合計損益計算書は子会

第8章 連結財務諸表

社分しか記載されていない。子会社B社に, 利益が計上されてB社の資本を剰余金として増加させている。

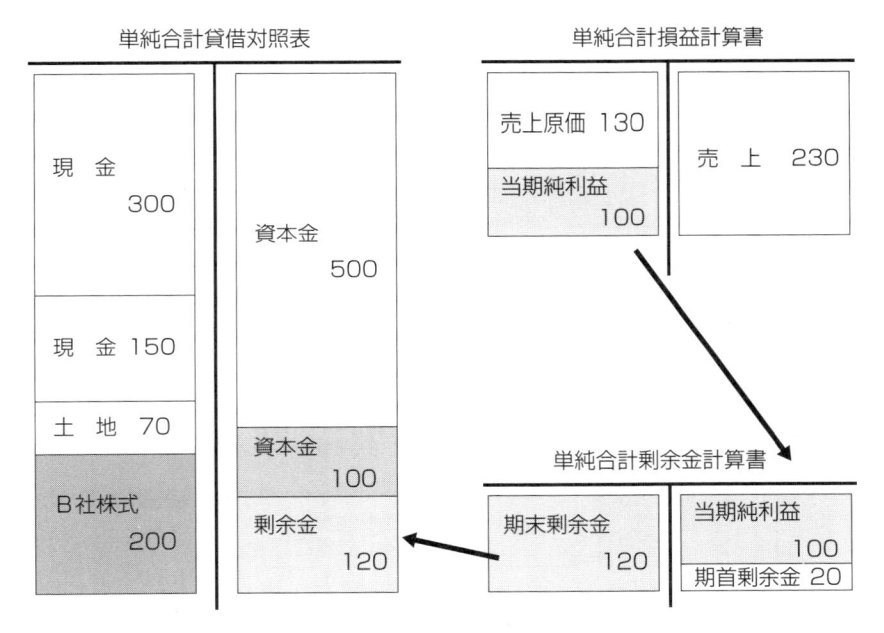

単純合計貸借対照表

現　金 300	資本金 500
現　金 150	
土　地 70	資本金 100
B社株式 200	剰余金 120

単純合計損益計算書

| 売上原価 130 | 売　上 230 |
| 当期純利益 100 | |

単純合計剰余金計算書

| 期末剰余金 120 | 当期純利益 100 |
| | 期首剰余金 20 |

　そこで, 子会社B社の資本金100には, 親会社A社の出している出資部分60と少数株主持分である出資部分40とにわけられる。また, 子会社B社の剰余金は, 今回の損益計算書から出した当期純利益100と親会社A社が出資したときからあった部分20（期首剰余金）であった。この期首剰余金も, 親会社A社の持分60（100×60％）と少数株主持分12（20×60％）とにわける必要がある。そして, この親会社の持分72（60＋12）と「B社株式」200を相殺消去すると「連結のれん」として128（200－72）という数字になる。

　他方, 親会社A社以外の少数株主持分については, 子会社B社の資本金40（100×40％）と期首剰余金48（120×40％）より,「少数株主持分」88（40＋48）が計上されるが, これはまだ途中経過である。それは, 当期純利益が計上されている連結損益計算書の処理ができていない。当期純利益の100は, 親会社持分と少数株主持分にわける必要がある。子会社B社が出した当期純利益は, 親

会社Ａ社の持分60（100×60％）と少数株主利益40（100×40％）として計上される。

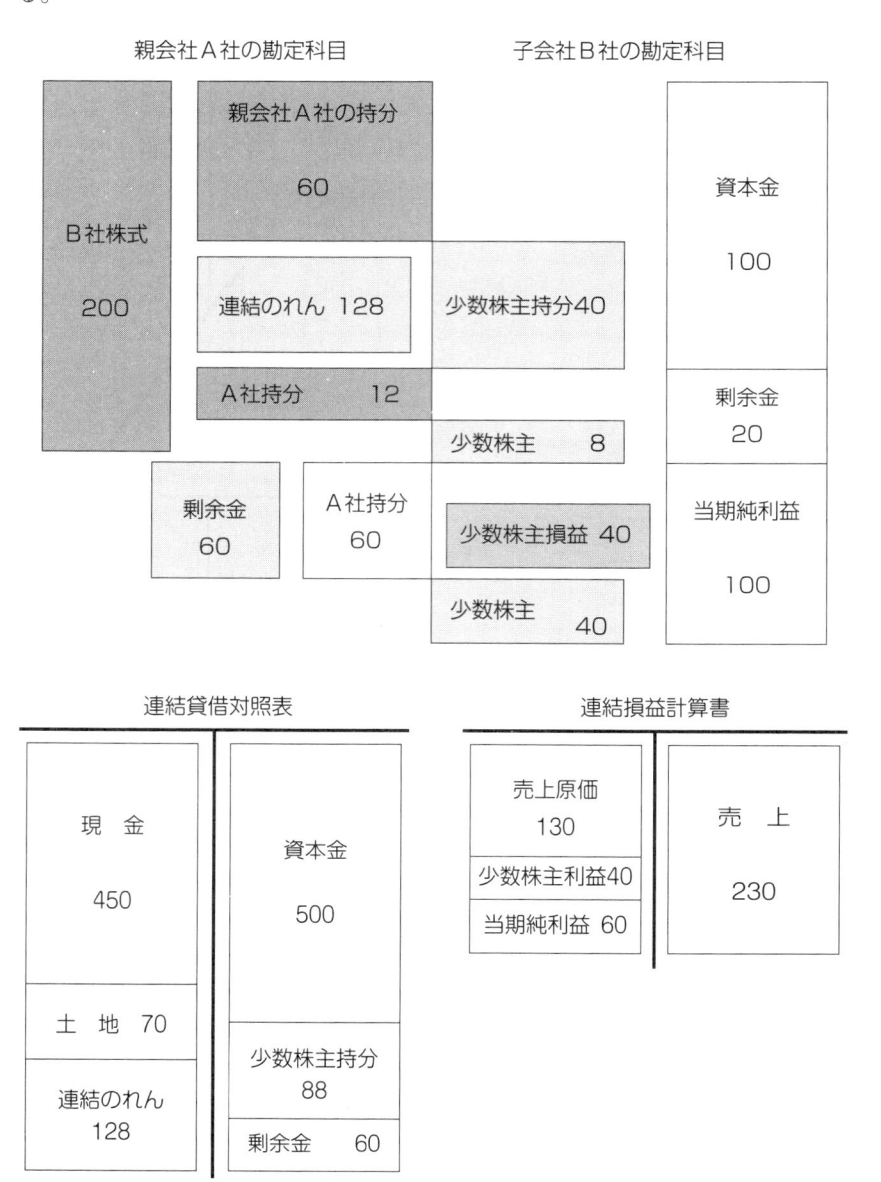

親会社Ａ社の勘定科目　　　　子会社Ｂ社の勘定科目

Ｂ社株式 200
親会社Ａ社の持分 60
連結のれん 128
Ａ社持分 12
少数株主持分 40
少数株主 8
剰余金 60
Ａ社持分 60
少数株主損益 40
少数株主 40

資本金 100
剰余金 20
当期純利益 100

連結貸借対照表

現　金 450
土　地 70
連結のれん 128
資本金 500
少数株主持分 88
剰余金 60

連結損益計算書

売上原価 130
少数株主利益 40
当期純利益 60
売　上 230

第8章 連結財務諸表

例題1 次の親会社Aと子会社Bの貸借対照表を連結しなさい。ただし，親会社Aは子会社Bに対して60%の持分がある。

親会社Aの貸借対照表

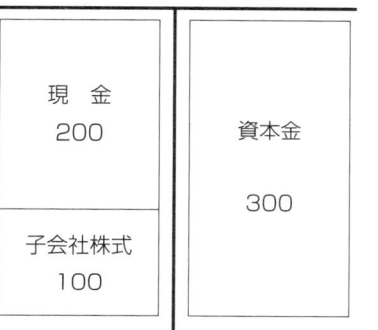

現　金 200	資本金 300
子会社株式 100	

子会社Bの貸借対照表

現　金 80	資本金 100
土　地 40	剰余金 20

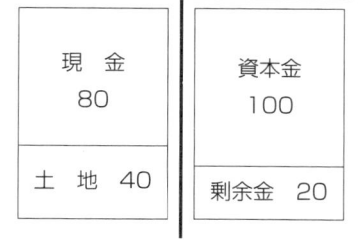

解　答

単純合計貸借対照表

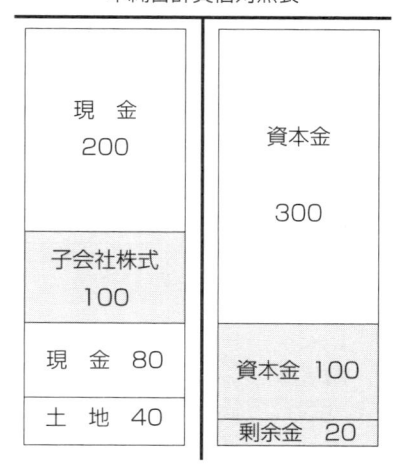

現　金 200	資本金 300
子会社株式 100	
現　金 80	資本金 100
土　地 40	剰余金 20

　まずは，親会社Aの持分と少数株主持分を計算して，少数株主持分を算出する。

　　　　親会社Aの持分：$(100+20) \times 0.6 = 72$
　　　　少数株主持分　：$(100+20) \times 0.4 = 48$

− 189 −

そして，連結のれんは，親会社の持分72を100で取得しているので，その差額は28となる。

連結貸借対照表

現　金　280	資本金　300
土　地　40	少数株主持分　48
連結のれん　28	

例題2　次の親会社Aと子会社Bの貸借対照表を連結しなさい。ただし，親会社Aは，子会社Bに対して60％の持分がある。

親会社Aの貸借対照表

現　金　200	資本金　300
子会社株式　100	

子会社Bの貸借対照表

現　金　230	資本金　150
土　地　40	剰余金　120

第8章 連結財務諸表

解 答

単純合計貸借対照表

現　金 200	資本金 300
子会社株式 100	
現　金 230	資本金 150
	剰余金 120
土　地 40	

まずは，親会社Aの持分と少数株主持分を計算して，少数株主持分を算出する。

　　　親会社Aの持分：(150＋120)×0.6＝162
　　　少数株主持分　：(150＋120)×0.4＝108

そして，連結のれんは，親会社の持分162を100で取得しているので，その差額は62となる。取得していた100よりもオーバーしているので貸方側に記載されて資本の増加分と同じように表示される。

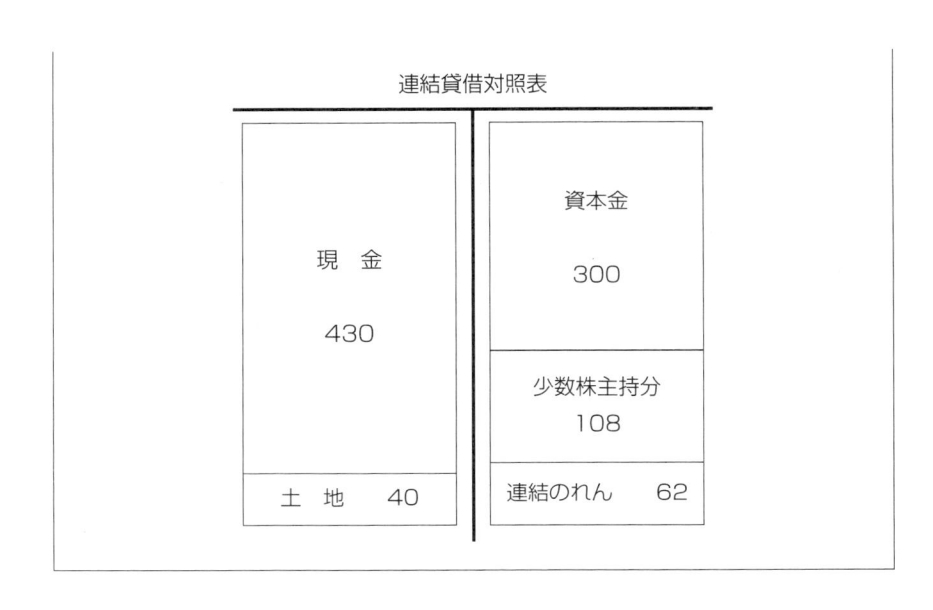

```
                連結貸借対照表
┌─────────────────┬─────────────────┐
│                 │   資本金        │
│                 │                 │
│   現　金        │    300          │
│                 │                 │
│    430          ├─────────────────┤
│                 │ 少数株主持分    │
│                 │    108          │
├─────────────────┼─────────────────┤
│  土　地　 40    │ 連結のれん  62  │
└─────────────────┴─────────────────┘
```

5 債権債務の相殺・消去

「債権・債務」とは，権利・義務のことであり，会計上では，債権は資産となり，債務は負債となる。資産の中の売掛金や受取手形などを債権といい，負債の中の買掛金や支払手形などを債務といっている。

親会社の子会社に対する債権は，親会社の貸借対照表の資産の部に記載されており，子会社の貸借対照表では，同額の債務が負債の部に記載されている。例えば，親会社が，子会社に商品を掛けで売り渡している場合に，連結グループの中での債権債務が発生する。親会社は，子会社に対して売掛金があり，子会社は親会社に買掛金が残っている。この場合に，連結決算書を作成するならば親会社の売掛金と子会社の買掛金を相殺消去するのである。連結グループ内での債権債務の関係はそれぞれ相殺消去する。

第8章　連結財務諸表

【「債権」と「債務」の関係】

《債権》	相殺消去	《債務》
売掛金	←——→	買掛金
受取手形	←——→	支払手形
貸付金	←——→	借入金
未収入金	←——→	未払金
前払金	←——→	前受金

　連結の決算書を見ても，連結グループ内での債権債務の取引は全て相殺消去されている。ただし，子会社が海外にある場合は，在外子会社として決算書が外貨ベースで作られているので，決算書を円貨ベースに換算して連結決算書を作成する。

　在外子会社の決算書を円換算するときは，為替レートは原則として資産と負債は決算日のものを用いる。資本は取得日のレートであり，損益計算書は，決算日または期中の平均レートを用いている。ただし，親会社に対する取引に対しては，親会社が使用した為替レートに合わせる。

　親会社に対する債権債務の換算は，親会社が用いている為替相場で換算するので親会社が子会社に対する債権債務の相殺消去の際には換算による消去差額は生じない。しかし，親会社は子会社に対する債権債務の換算について，取得時や発生時の為替相場を使用している場合は，子会社の決算書と親会社の決算書とで二つの為替相場により換算差額が生じることになる。この差額が「為替換算調整勘定」となる。

> **為替換算調整勘定**
> ＝親会社に対する債権債務
> 　×（決算時の為替相場－親会社が用いる為替相場）

　為替換算調整勘定は，それが借方残高でも，貸方残高でも連結貸借対照表の資本の部に計上する。

　そして，収益と費用については，決算時の為替相場または期中平均相場によ

り換算する。ただし，親会社との取引については収益と費用は，親会社の用いる為替相場により換算する。

> 為替差損益
> 　＝親会社との取引損益
> 　　×（決算時の為替相場－親会社が用いる為替相場）
> 　＝親会社との取引損益
> 　　×（期中平均相場－親会社が用いる為替相場）

◧ 少数株主持分への配当金の支払

　連結相互間の取引については，相殺消去しなければならないが，少数株主持分との取引については，キャッシュ・フロー計算書では外部取引なので相殺消去しない。例えば，連結子会社の配当金の支払額のうち少数株主に対しては支払われた金額については「財務活動によるキャッシュ・フロー」の項目に配当金とは別に「少数株主への配当金の支払額」として表示される。

　例えば，連結子会社が，配当金を支払ったときに親会社の持株比率が90％であったとすると，配当金を200円支払った場合は，親会社は受取配当金180円が発生している。

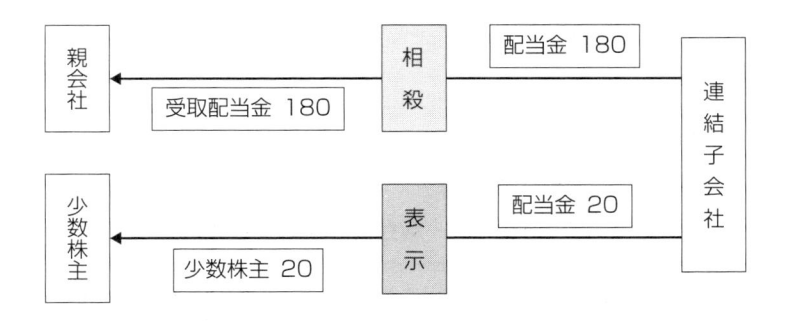

親会社に支払った「配当金」と子会社から受け取った「受取配当金」は相殺されてしまうが，少数株主に支払われた少数株主持分については，キャッシュ・フローに振り替えられて，「少数株主への配当金の支払額」として財務キャッシュ・フロー項目に表示される。

持分法適用会社からの配当金

持分法適用会社からの配当金を受け取っていた場合は，「営業活動によるキャッシュ・フロー」および「投資活動によるキャッシュ・フロー」の項目に表示される。

例えば，親会社は持分法適用会社から配当金を受け取った場合は，親会社は，20の受取配当金が計上されている。このときは，持分法適用会社は，全体で100の配当金を支払っている。そして，親会社の持分比率は20%である場合は，配当支払いによる持分法適用会社の純資産の減少のうち，親会社の持分相当額だけを投資勘定から減少させる一方で，親会社で計上した20の受取配当金と長期保有の債権と相殺消去する。これをキャッシュ・フローに振り替えて，「配当金受取額」として営業活動によるキャッシュ・フロー項目に計上する。すなわち，長期保有の債権の減少取引を配当金の受取額というキャッシュの流入として表示する。

第9章
経営総合診断
－ Management Comprehensive Diagnosis －

　大学生が就職活動をするに当たって，まずは自己分析を行うことが常道になっている。孫子の兵法にも「敵を知り，己を知れば，百戦危うからず」とあるように，敵を知り次に己を知ることは重要なのである。しかし，就職活動で使われている自己分析という用語が，間違って使われている。学生も自分自身を，昔に設計されたパズルの一コマのように，固定的に決められているモノを発見する作業のように自己分析を使い，自分自身を「モノ」のように扱っているように思えてならない。

　就職活動は，自分と会社をマッチングさせる作業である。そのために，自分のこととマッチングさせる対象である会社のことを知る必要がある。だから，自分のことを理解するために「自己分析」をし，会社のことを知るために企業研究をする。すなわち，就職活動で必要な「自己分析」は，自己理解という自分自身を客観的に見るためのツールなのである。

　自分自身を客観的に見るということは，自分自身で思っている自分と会社から見られる自分とのギャップを少しでも縮めるためのものである。自分と会社をうまくマッチングさせるためには，「自己分析」や「企業研究」を「モノ」のようにして扱わず，自分のことと会社のことを命があり変わりつつある生きものとして理解することである。

　それは，自己分析＆企業研究をしたことでマッチングができた会社に合格できたとしても，日本の企業では配属はどこになるかわからないし，どのような仕事をするかは会社が決めている。自分に向いていると思った会社に入ったとしても，合わない上司につくかもしれない。さらに，その会社が将来どのよう

になっていくかもわからないことである。

　自分も企業も「モノ」として扱っている情報は，静的情報で過去のデータでしかない。だから，自分自身のことでも，企業研究のことでも，分析したデータを参考にしながら，自分が今後何をしたいのか，入社した会社は何をしようとしているのかという定性情報として，分析した定量的な情報に補完しなくてはならないのである。

　この使い方を間違えると，「自己分析」が早期退職の一原因だと考えられたりする。自己分析が必要になるのは，キャリア経験を積んだ人たちが，一定の労働条件をすり合わせて契約する欧米のような契約社会の状況になったときである。日本の場合は，就職する会社に専門知識を活かせる部署があり，専門職を受け入れる雇用慣行がある場合において，自分自身も何をしたいのか？　どうなりたいのか？　といった自己分析をすることでキャリアの表明ができるのである。

　しかし，日本の新卒生の場合には，配置も仕事も処遇も会社任せになっている雇用環境である。そのために，会社も自分自身も生きていることを前提にして，動的に変化するものであるという認識の下で，これから一緒に仕事をしていく自分はこのような人なのであるということを表明するためにも，「自己分析」を活用することが望まれる。そして，会社とは，「自分」と同じように深く複雑なものである。「モノ」を扱う分析手法ではなく，「こと」をなす生命である会社として分析することが望まれる。

1　経営分析を捉え直す

　本章では，会社を「モノ」としてだけ扱わないために，「経営分析」とせずに「経営総合診断」という表題にした。それは，分析という手法は，機械的な仕組みを調べるときに，バラバラに分解すればその機械全体が理解でき，自由に操作できるようにするために使用してきたものである。しかし，企業や市場や社会の仕組みが複雑になってくると，機械的仕組みに生命が宿ったように自

己組織化し生命的システムに変貌する。

　生きた魚を知るために，魚を解剖して分析すると命が奪われる。「分析とは，対象を研究しやすいサイズの部分に分割し，それぞれの部分の性質を詳しく調べることによって，対象の全体的性質を理解する手法である。……この手法は，宇宙，地球，自然，社会，市場，企業などの概略の姿を知るために有効な方法であった。」（田坂広志『まず，世界観を変えよ～複雑系マネジメント～』英治出版，33頁）として，現在の科学は分析という手法を活用していた。

　経営学においても，自然科学的な手法として分析を使い，経営学でいうピラミッド組織では，「ヒト」に対しても指揮命令型で機械的に操作し管理していた。

　伝統的取得原価主義会計も，機械的に処理していた。しかし，工業社会は，情報社会となり，組織はネットワーク化されてくると組織の中の個人もエージェント（agent）となり，エージェントとエージェントの関係の中で組織が自律的に生命的になってくる。すなわち，自己組織化してくる。組織そのものもグローバル化され，世界の中の関係性の中で生き物のシステムのように生成してくる。

　伝統的取得原価主義の会計の分析手法も，生命システム論的パラダイムへの適応が求められている。取得原価で捉えていたパソコンやコンピュータ機器などの耐久消費財は，今や生鮮食料品のようにすぐに腐ってしまうかのように扱われている。パソコンやその中のソフトの寿命は2・3年，時には2・3ヶ月とさえ言われている。企業は，それ自身の意思を持っているかのように動き始めている。そこに，企業文化が育ち，自己組織化し，変貌する市場に適応できなくなってきている。それは組織の代表者であっても自由に「管理」・「統制」し「操作」できなくなる。それが，社会や企業の複雑になってしまった問題を解決できない理由なのである。

　「分析」できない生命的システムを洞察することは，企業全体が生きているかどうかを見定めることにより，見えないものを見ようとすることなのである。サンテクジュペリの「星の王子さま」の中の「大切なものは眼には見えないん

だよ。」というように，数値に表れたものは分析するが，数値の奥に隠れたものは全体の関係性から洞察するしかない。

　企業や市場や社会の生きたものを見る場合，二つの眼で見える部分は「分析」し，もう一つの眼では見えないものの中に大切なものを探し出すように見ることが重要である。

　物事は，二つの眼で見ているからこそ，遠近感や距離感などもわかる。二つの眼は，手足と同じようによく使う側の眼を利き眼という。人は，利き眼を軸として，もう一つの眼で利き眼を補いながら立体的に物事を見ている。この二つの眼は，微妙にずれて物事が見えるようになっており，これを「両眼視差」という。平面の映像を３Ｄの立体画像にする時の視差である。３Ｄは，両眼視差によってずれて見える画像を補正して，ひとつの画像として見ることにより立体感をつかむことができるシステムになっている。この利き眼のシステムは，遠くの物事を見ることが得意な目で，もう一つの眼は，近くの物事を見ることが得意な眼となっている。

　経営総合診断もこの「両眼視差」により，企業を平面的に見える「モノ」的視点と立体的に動きのある「生命」的視点で見ようとするものである。ここでは，分析的手法を否定しているのではない。分析という手法も，総合という手法も近代科学の「要素還元主義」を支える基本的認識手法である。ここでは，分析より失われた物事を再発見し，分析した物事を寄せ集めた中に動的な生き物の命のようなものを見出そうとする見方である。

■ 売上エネルギーモデル

　例えば，期間損益における赤字や黒字が，企業の成功か失敗かを診断する指標ではない。「利益診断で，赤字だから悪い，黒字だから良いという判断は短絡すぎる。赤字の中にも生きている赤字と死んでいる赤字がある。黒字の中にも生きている黒字と死んでいる黒字がある。」(吉武孝祐著『企業分析の哲学』同友館，24頁) それを見極めるところに「問い」がある。この「問い」は，「疑問」ではない。「疑問」は，感じるものであり，思うものであり，答えがどこ

かにあるから質問をして答えを教えてもらおうとする。しかし,「問い」は,問題を考えて答える行為を前提とする。「問い」は,湧き出てくるような知恵を発見することでもある。

　すなわち,なぜ赤字なのか？　という問いの中に答えがある。「どれだけの売上を上げたか,どれだけの利益を出したか,という結果的数値だけではなく,一定の売上や利益が,いかなる発想と条件でもたらされたか,という原因と過程の諸条件の究明が重要な意味をもつ」（吉武孝祐著『いま企業に問われるもの』同友館,165頁）といったように,どのように利益が形成されていくのかというプロセスの中に数値の意味が隠されている。

　そのためには,その「なぜ？」の中にいろいろな立場から多面的な状況を観察し,それぞれの立場から「問い」をつくり,その立場から意味や価値などの考え方それ自体を考え直し,いろいろな「関係性」から形成プロセスを探究するのである。そのために,いろいろな立場からの「答え」はあるが,これが絶対的に正しいという「正解」を求めた行為ではない。この場合の「問い」に正解はない。それぞれの立場からの解があるだけである。

　会計的社会行為の意味を探究するのは,「俯瞰する会計」の項目で述べたように,「因果律アプローチ」である科学的リテラシーで用いた分析的方法である。この方法は,結果の原因を求める「疑問」を探究している。そして,解釈的方法の「意味論的アプローチ」は,企業実態を問う「問い」により探究するのである。

　それにより,数値の奥に隠れた見えないものをみるようにすることが重要である。例えば,期間損益の赤字を単純に差引利益として捉えるならば,収益－費用＝差引利益として計算できる。

　利益を増やすためには,費用を節約すると差引利益が出るという機械的な関係で捉えられる。しかし,費用は,売上を上げるための投資内容を含んでいるという関係で捉えると,費用を節約したことにより収益も下がり,結果的には利益も下がるという力学が働くこともあり得る。この関係を「売上エネルギーモデル」と呼ぶ。売上エネルギーモデルは,利益は形成するものであるとの考

え方から出ている。これを，形成利益という。形成利益は，利益のプロセスに意味を見いだすものである。

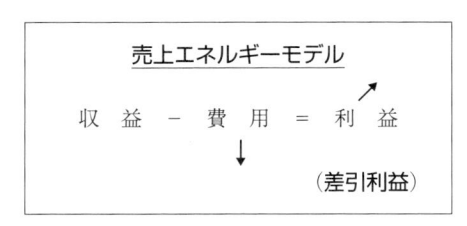

```
売上エネルギーモデル
収  益 － 費  用 ＝ 利  益 ↗
              ↓
              （差引利益）
```

そのために，その企業が赤字であったとしても，投資としての役割を果たしているならば，その成果が未だ出ていないだけであって，将来に利益を増やしていく効果が出れば生きている赤字にもなるし，投資としての効果が上がっていなければ黒字でも死んでいる黒字となるという解釈も可能である。

この投資としての費用の主観的判断は，利益との直接関連性のものと判断されるが，結果として「意図せざる結果」を生む可能性はある。この機械的な差引利益行動が，どのような「意図せざる結果」を生み出すのかという視点で捉えることが，生きている企業として診断できる。

すなわち，このような「意図せざる結果」とは，当初の意図（費用の節約により利益が増加する）がパラドックスを起こし，逆の方向性（節約により売上が下がり，結果利益が下がる）になるかもしれないという可能性も考慮に入れなくてはならない。企業の状況を診断しようとする時に，見えないものを見るためには財務諸表の中に「パラドックス（逆説）」を発見することが重要となる。

このような売上エネルギーモデルでは，経営にとって「節約」は利益を増やさないというような「意図せざる結果」導くことが可能である。これは，差引利益から導き出される差引計算思考である因果律アプローチによる行為，すなわち費用を減らす節約により利益が増加するという意図を持つ意識的な人間行動が，結果的には意図通りにはならないという「意図せざる結果」を生む可能性を示唆できる。

差引計算思考による「節約」は，利益減少というネガティブな「意図せざる結果」を生む。しかし，節約という計算思考ではなく，その費用は何も生まな

いという意味論からのアプローチによる解釈からの費用，すなわち価値を生まないのであるならば，節約するのではなく一円足りとも使わない「切断」するという意思決定行動が生まれる。この「切断」という会計行動は，その数字が，生きている数字なのか，死んでいる数字なのかを判断する重要な軸となる。

赤字でも生きている数字は，ポジティブな結果を生みだし新しい事業をつくり出すかもしれない。今儲かっている数字でも，次に新しいものを生み出さない黒字は，死んでいる数字として判断されるかもしれない。大切な判断軸は，その事業が育っているか，その商品が育っているかである。すなわち形成されているかどうかであり，量的なものだけでの判断ではないということなのである。大切なのは，量を構成するためのプロセスなのである。

伝統的な経営分析手法による因果律アプローチによる経営判断は，効率を分析し，この因果律から引き起こされているネガティブな意図せざる結果などのロジカルで機械的な分析的思考による問題を発見できる。

複雑になった社会では，個人の行動が意図するのとは違う結果をもたらすことが多い。例えば，売上を増やそうと思って商品を値上げすると，客が減ってかえって売上が減り，結果的には利益まで減少する。この売上目的行為は，利益だけではなく資金や在庫にまで影響を及ぼす。

【会計行為への影響力】

	損益計算書		キャッシュ・フロー計算書	
	売　上	粗利益率	資金回収率	在　庫
理想とする会計行為	↗	↗	↗	↘
	イノベーション・工夫・システム・仕組み			
意図せざる結果	↗	↘	↘	↗

売上目標至上主義を掲げたときの会計行為[1]は，利益を増加させ利益率を上

---
[1] 行為（action）は意図を持つ意識的な行動であり，行動（behavior）は意図を持つ行為だけでなく条件反射のような意図を持たない行為も含む。

げ，資金回収率も良くし，商品在庫も減少するような理想的な意図を持つ。しかし，売上目的至上主義は，利益を減少させ利益率を落とし，資金回収率を下げ，売るためには在庫が上昇するというというネガティブな意図せざる結果を生むことになる。

　経済学者のミルトン・フリードマンは，どのように素晴らしい意図があったとしても，方法と程度を間違えれば悪い意図と同じ結果を生むことを示唆している。「社会福祉政策が掲げたいろいろな目的は，すべて高貴なものであった。これに対して，政策がもたらした実際の結果は，人びとをもすます失望させるものでしかなかった。……今日の社会福祉プログラムは，不正と腐敗とが充満している混乱以外の何ものでもないという点だ。……目的がたいへんよかったいろいろな政策が繰り返した失敗したことは，けっして偶然ではない。この失敗はただたんに，やり方が誤っていた結果だということではない。そうではなくて，よい目的を達成するのに悪い手段を使用したということに，根深い理由が存在している。」(2)といい，経済における意図せざる結果をいっている。

　それらの問題点は，経営分析した数値を総合して解釈的アプローチによる行為者の主観的意味の関連から出発して，その行為にかかわる社会状況とから見て，ときには行為者が予想もしない社会現象を生みだす意図せざる過程を客観的な因果関連させることにより，そこに何か育っているのかという生物的なシステムとして経営総合診断することができるのである。

　社会科学の古典において人の行為の「意図せざる結果」については数多く論じられてきた。社会科学は，組織内で起こっている人間の行為の主観的意味である動機や意図を理解することから分析を始める。人間の行為の意図せざる結果への気づきが，組織内でのパラドックスへの発見につながる。

---

(2)　M＆R・フリードマン著／西山千明訳『選択の自由』日本経済新聞社，1980年，153頁

2 ＩＦＲＳと経営総合会計

　日本で最初にＩＦＲＳ（国際財務報告基準）を任意適用した会社は，2010年3月期の決算短信を発表している。このＩＦＲＳの導入期と，今までの会計ビッグバンでのコンバージェンスしていた時の会計とは違っている。ＩＦＲＳは，投資家のための会計基準である。もちろん，ＩＦＲＳのステークホルダーは，筆頭に投資家を挙げ，従業員，貸付者，仕入先及びその他の取引業者，得意先，政府及び監督官庁，一般大衆としている。この中には，第2章で示していたステークホルダーの中の経営者がいない。

　ＩＦＲＳの概念フレームワークの第10パラグラフでは，もっともリスクを負っている投資家の情報のニーズを満たせば，他のステークホルダーのニーズも満たしていると考えている。これが，ＩＦＲＳの根幹の設計思想である。すなわち，投資家である株主のためにレポーティング（報告）すればよい財務諸表は，企業内部の経営管理のために利用される。

　そのために，ＩＦＲＳ導入前には，ＳＯＸ法で内部統制が強化された。日本でも，2003年4月の改正商法施行において委員会等設置会社の内部統制システム構築が義務化され，金融庁の企業会計審議会内部統制部会が2005年12月に発表した「財務報告に係る内部統制の評価及び監査の基準のあり方について」は，監査法人が企業の内部統制システムをチェックする際の基準に関する方針を示したもので，これが想定する制度は「経営者が実施した内部統制の評価」について公認会計士が法定監査（財務諸表監査）の一環として監査を実施することになった。すなわち，ＩＦＲＳの財務会計は，経営管理のための要素をＳＯＸ法に委ねてしまっているのである。

　企業の経営総合診断を行おうとするときにＩＦＲＳの財務会計は，会計制度として金融市場の要請に基づいて体制を整えようとしている。それは，企業財務としての視点からの活動が多くなり，資金の調達から投資活動に焦点があってくる。企業財務（コーポレート・ファイナンス）は，事業活動と金融市場を有効に結びつける役割がある。そして，企業価値の源泉を明らかにし，投資力資

【経営総合診断のアカデミック関連図】

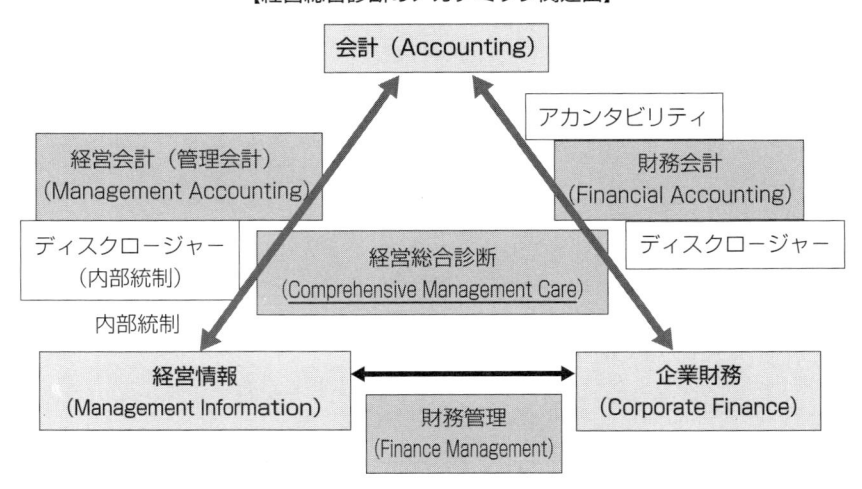

```
                        会計（Accounting）
                        ↗              ↖
                                    アカンタビリティ
  経営会計（管理会計）                     財務会計
  (Management Accounting)              (Financial Accounting)
  
  ディスクロージャー      経営総合診断      ディスクロージャー
  （内部統制）       (Comprehensive Management Care)
    内部統制
       ↓                                    ↓
     経営情報          ←→           企業財務
  (Management Information)        (Corporate Finance)
                        財務管理
                    (Finance Management)
```

金調達，配当政策などの財務的意思決定を行い，キャッシュ・フローをマネジメントし企業価値向上（＝株価上昇）をミッションとしている。

　企業財務の役割を遂行するためには，金融市場に関する理論であるファイナンス理論の理解が不可欠である。ファイナンス理論は，投資理論（インベストメント）と企業金融理論（コーポレート・ファイナンス）の2分野で構成されている。投資理論は，以前，余剰資金の運用に関する理論であったが，今は資金運用の理論であり，企業金融理論は資金調達に関する理論である。これは，貸借対照表が示している内容である。借方には資金運用を示し，貸方には資金調達を示していることとの関連も重要である。

　例えば，企業が工場拡張資金を調達する目的で債券を発行しようとする場合，財務担当者は債券の発行条件や価格を決めなくてはならない。この時に，財務担当者だけでなく，生産現場のマネージャーや従業員にとっても，事業投資に関しての意思決定についての財務の知識が重要になってきている。企業財務の役割は，経営の最終目的である株主の富を最大化するための企業価値向上（＝株価上昇）の実現のために，重要な財務的意思決定を適切に行い，事業活動（経営情報）と金融市場（企業財務）を有効に結び付けていくことである。

第9章　経営総合診断

　財務担当者の使命は，事業の収益性を決定付ける投資や資金調達にかかわる意思決定を行い，適切な資金（キャッシュ・フロー）の調達や配当政策にかかわる管理をリードし，企業の支払能力の向上を図ることにある。ゆえに，財務諸表の中にキャッシュ・フロー計算書が重要視された理由がここにある。

　特に，ＩＦＲＳの財務会計は，経営管理の面からすると，今まで用いてきた経営分析などの指標の連続性を保つことができなくなっている。そのために，コーポレート・ガバナンスの視点や内部統制制度との関連を保ちながら，自社における経営管理のための経営総合会計システムを再構築しなくてはならない。従来の管理会計から経営総合会計の変化は，不正会計に気づくことができるシステム構築にある。自社の価値観や経営思想に基づいた経営総合会計は，経営者の主観的意思決定がつくり上げる状況の中に，自分自身を入れて，それを俯瞰することにより，主観的判断だけではなく業務内容などの具体的諸事情に則しても社会通念に従った客観的判断ができる成熟度が要求される。この成熟度が会社自身のセルフ・マネジメントとして不正会計の起こりにくい組織・チームをつくり上げる。このような捉え直しが，不正会計を防ぐことになるのである。

　その企業の経営総合判断を行うためには，その時代と社会的文脈（コンテキスト）の中でマネジメント状況のコンテキスト（モノ情報・コト情報（ヒト情報・カネ情報））を捉えなければならない。その一つが，常に時間軸の中で，実態を比較することである。もう一つが，全体の中で部分を考えることである。これは空間軸で問いを立てることである。その企業の戦略的行為の中に，行動レベルで抜け道がないかを探究しておく必要がある。このような抜け道という手立てを使うのはどのような人や企業かを知り，当初の戦略的行為がどのような意図せざる結果を生み出すかを考慮しておくことが重要となる。

　戦後の日本経済下における会計基準は，不正会計からの視点で見ると緩やかで，操作しやすい状況であった。経済も右肩上がりで，一時的な業績不振が生じても翌年に利益をあげれば，すぐに取り返せる状況であったために一時的な会計操作を必要悪として許容するような未熟な環境があった。

財務諸表の作成の際の不正会計は，多くの場面で主観的な判断や会計処理を通じて，利益操作が行われることである。利益操作には，利益捻出と利益圧縮がある。利益捻出の動機は，財務諸表に十分な利益を計上して資金調達を容易にするためである。利益捻出型を粉飾といい，利益圧縮型を逆粉飾という。粉飾などの不正金利を見抜くためには，会計を因果律で実証し，人間の行為を含めた会計情報を意味的アプローチにより経営を総合的に判断することが求められる。これにより会計がコーポレート・ガバナンスの言語であるといえる。

3 現在価値（Present Value）

　ＩＦＲＳの会計は金融市場に対応するためにコーポレート・ファイナンス（企業財務）にベクトルが向いている。コーポレート・ファイナンスは資本計算であり資金計算である。その中でもディスカウント・キャッシュ・フロー（ＤＣＦ）の考え方が重要なのである。

　ＤＣＦ法（Discounted Cash Flow Analysis）とは，キャッシュ・フローの現在価値（Present Value）を算出するときに用いる方法である。キャッシュ・フローの現在価値とは，ある資産の価値を，その資産が将来生み出す価値であるとしている。例えば，「住宅を所有すること」と「住宅が生み出すキャッシュ・フローを所有すること」は同等の価値があると考える。また，「住宅が生み出すキャッシュ・フローを所有すること」は，そのキャッシュ・フローの現在価値相当分の現金を所有することと考える。

　つまり，将来のキャッシュ・フローを現在の価値に換算した価値である。

　ケース

　今，3つの資産から1つの資産を選ばなければならない。あなたなら，以下のどの資産を選択するか？　どの選択をすることが経済的に合理的であるか？
1　現金。この選択をすれば￥90,000の現金を直ちにもらえる。
2　国債。この国債は日本政府によって発行された証券で，2年後に満期になって，額面@￥100,000で償還される。満期までは金利や配当は支払われ

ない。
3 友人によるあなたに対する借入金返済義務。あなたは3年後に¥160,000返済される約束をもらっている。

> ケース解釈

　このようなケースの時は，直感的に1つのオプションを選んだ人もいるかもしれない。もしくは，もっと情報がなくては決められないという人がいるかもしれない。このケースの選択の一つの主旨は，キャッシュ・フローのそれぞれの時間軸がばらばらであることに注意することである。現金は，今あるお金だから問題はない。ところが，国債は2年後の¥100,000となっている。また，友人への貸付返済は3年後で¥160,000となっている。これらの異なる時点間のキャッシュ・フローを全て現在の時間軸からの価値に換算して横並びで比較するための手段が，現在価値（PV）なのである。

　ここで，将来のキャッシュ・フローを現在の価値に換算するための調整率を割引率（Discount Rate）と呼ぶ。この割引率とは，簡単にいえば，金利のようなものである。いま，日本の金利が年率4％だとする。日本では年率4％で，お金を安全な資産（国債，銀行預金）に運用することができるという意味である。

　今回のケースでは，日本の国債の現在価値は2年後の¥100,000を年率4％で割り引いた金額ということになる。また，別のいい方をすると，この割引率とは，資本の機会損失ということもできる。つまり，そのお金（資本）を同じようにリスクのある資産で運用した場合，どれほどのリターン（収益）が得られるのかということである。

$$国債の現在価値 = \frac{¥100,000}{(1+0.04)^2} = ¥92,450$$

$$友人の借入金の現在価値 = \frac{¥160,000}{(1+0.04)^3} = ¥142,240$$

以上を見ると，このケースでは，友人に対する貸付金という資産が最も有利であると考えられる。
　ここで，問題になってくるのが，不確実性の問題である。

例えば，国債と友人とを比べた場合，どちらのお金の方が確実に戻ってくるだろうか。もし，友人が誠実な人で，かつ健康に恵まれていれば，¥160,000の貸付金は問題なく返済されるかもしれない。一方，この友人がその場その場を適当に合わせながら生きている「お調子者」だったらどうか。このお調子者に対しては，あくまでも個人なので，消費者金融の金利（例えば20％）の方が，国債の金利よりも適正な割引率であると考えられるだろう。

$$友人の借入金の現在価値 = \frac{¥160,000}{(1+0.20)^3} = ¥92,590$$

こうしてみると，友人への貸付金の現在価値はそう高くないことがわかる。

すなわち，異なる時点のキャッシュ・フローの価値を横並びで比べているために，将来のキャッシュ・フローを現在の価値に評価する必要があるということになる。

4 ディスカウント・キャッシュ・フロー（ＤＣＦ）法

ディスカウント・キャッシュ・フロー法（ＤＣＦ法）は，一定の利子率を設定して，将来の金額を現在の金額に割り引く計算方法である。これは，投資家が新規投資を行うときに利用する方法である。現在の１億円は，５年後でも１億円ではない。金利や物価などを加味して考えるのが当然である。

現在，手元に現金を10万円持っている場合と１年後に10万円もっている場合では，現在10万円持っていることの方が現在価値はあるといえる。なぜならば，現在の10万円を金利３％の銀行預金に預けておけば，１年後には10万３千円となるからである。すなわち，１年後の10万３千円は，現在の10万円と同じ価値があるということになる。

$$100,000 = 103,000 \div (1+0.03)$$

この等式は，現在価値を算出するための計算式となる。ＤＣＦ法の計算式は，次のとおりである。

第9章　経営総合診断

DCF法の計算式

$$X = \frac{1}{(1+r)} \times Y$$

・Xは現在価値
・Yはn年後の価値
・rは現在の利率

例えば，毎年10万円のキャッシュ・フローがある場合に，これを現在価値に直したらどのようになるかを計算してみる。

1年目　$100,000 \div (1+0.03) = 97,087$
2年目　$100,000 \div (1+0.03)^2 = 94,260$
3年後　$100,000 \div (1+0.03)^3 = 91,514$
n年後　$100,000 / (1+0.03)^n$ 円

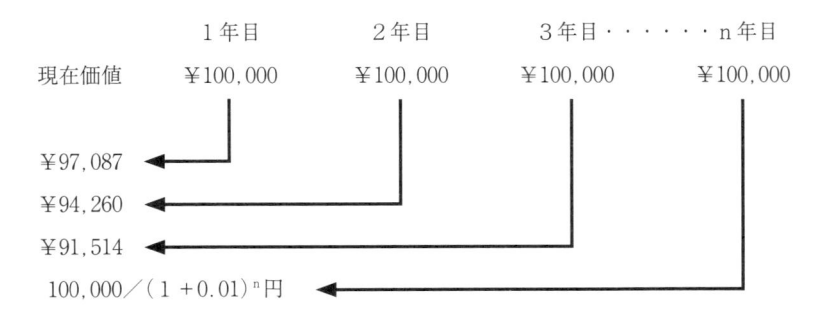

	1年目	2年目	3年目・・・・・n年目
現在価値	¥100,000	¥100,000	¥100,000　　　¥100,000

¥97,087
¥94,260
¥91,514
$100,000/(1+0.01)^n$ 円

このように，何年後かあとの10万円は現在価値に置き換えることによって，今の10万円と将来の10万円とを比較することができる。将来の価値を現在の価値に置き換えることを割り引くという。

このような方法で将来に獲得されるキャッシュの価値を現在価値に割り引いて計算することにより，現在に投資したキャッシュは，将来にどれほどのキャッシュを獲得すればよいのかを判断できる基準を提供することになる。この計算は，金利を基準に考えるので，常に割引計算を基本として考えられるの

である。例えば，初年度に新規事業として10億円の投資をしたとしよう。それにより，営業キャッシュ・フローが次年度より発生している場合の事例について考えてみる。まず，【事例１】として，３年目ぐらいをピークとして６年間の営業キャッシュ・フローを見ていく。６年間の通年でフリー・キャッシュ・フローを見るならば５億円の超過キャッシュ・フローとなっているという事例である。このときの金利は６％として現在価値に置き換えた場合の計算方法を示してみる。

【事例１】　　　　　　　　　　　　　　　　　　　　　（単位：百万円）

年　度	０	１	２	３	４	５	６	累計
営業ＣＦ		150	290	410	280	200	170	1,500
投資ＣＦ	△1,000							△1,000
フリーＣＦ	△1,000	150	290	410	280	200	170	500
ＣＦ累計	△1,000	△850	△560	△150	130	330	500	
現在価値	△1,000	142	258	344	222	149	120	235

　この事例では，１年目は営業キャッシュ・フローが，１億５千万円であり，２年目は２億９千万円，３年目で４億１千万円というように，最初の10億円の投資が稼ぎ出したキャッシュと考える。その合計が６年目で15億円になったという事例である。この場合の計算方法は，まず，１年目の１億５千万円は，現在価値に割り引くと１億４千２百万円となる。それぞれの６年分の計算式は次のとおりである。

　　　１年目　　　150百万円÷（１＋0.06）　＝142百万
　　　２年目　　　290百万円÷（１＋0.06）^{2}＝258百万円
　　　３年目　　　410百万円÷（１＋0.06）^{3}＝344百万円
　　　４年目　　　280百万円÷（１＋0.06）^{4}＝222百万円
　　　５年目　　　200百万円÷（１＋0.06）^{5}＝149百万円
　　　６年目　　　170百万円÷（１＋0.06）^{6}＝120百万円

第9章 経営総合診断

　6年間の現在価値を通年として合計すると12億3千5百万円となり，最初に投資された10億円を差し引くと2億3千5百万円となる。

　これに対して，次に【事例2】として，6年間コンスタントに2億5千万円のキャッシュ・フローを生み出している事例と比較してみる。【事例2】は，【事例1】と同様に，通年でフリー・キャッシュ・フローが最初に投資した10億円を超過して5億円のキャッシュが回収された事例である。ただし，トータルで営業キャッシュ・フローは同じだが，現在価値として新規事業の投資効果としてみる場合には【事例1】と【事例2】では差がでてくる。

【事例2】　　　　　　　　　　　　　　　　　　　（単位：百万円）

年　度	0	1	2	3	4	5	6	累計
営業ＣＦ		250	250	250	250	250	250	1,500
投資ＣＦ	△1,000							△1,000
フリーＣＦ	△1,000	250	250	250	250	250	250	500
ＣＦ累計	△1,000	△750	△500	△250	250	250	500	
現在価値	△1,000	236	222	210	198	187	176	229

　まずは，営業キャッシュ・フローの2億5千万円をそれぞれの年で現在価値に割り引いてＤＣＦを算出してみる。

　　　1年目　　250百万円÷(1＋0.06) ＝236百万
　　　2年目　　250百万円÷(1＋0.06)^2＝222百万円
　　　3年目　　250百万円÷(1＋0.06)^3＝210百万円
　　　4年目　　250百万円÷(1＋0.06)^4＝198百万円
　　　5年目　　250百万円÷(1＋0.06)^5＝187百万円
　　　6年目　　250百万円÷(1＋0.06)^6＝176百万円

　【事例2】のＤＣＦは，12億2千9百万円となり，最初に投資した10億円を差し引くと2億2千9百万円となる。今回の新事業に対しては【事例2】も

【事例１】と同様に，営業キャッシュ・フローは５億円のキャッシュを稼ぎ出しているが，ＤＣＦでいうこの投資の現在価値を算出すると，【事例１】では２億３千５百万円であり，【事例２】では２億２千９百万円となり，現在価値は【事例１】の方が６百万円高いという結論が導き出される。

このように，事業を新規に投資する場合，投下した資本がどれだけのキャッシュを生み出せるかだけでなく，現在価値から考えて投資するという価値観（ＤＣＦ法）が必要になってくる。今までの日本では，将来どれだけの利益を稼ぎ出せるかという視点での考え方が多く見られたが，今後はその利益観だけでなくキャッシュに対しての資金観も出てくるであろう。それと同時に大切なことは，諸外国の投資家はこの資金観によって企業の投資情報をチェックしていることを意識しなくてはならない。日本の企業も，ＤＣＦ法を意識した情報のディスクロージャーを自覚しなくてはならない時代へと転換しつつある。

5 ＤＣＦ法と経営判断

ＤＣＦ法による価格を用いることによって，事前にリスクも織り込んでいることが証明できる。その事例として，簡単なＤＣＦ法を以下に示しておく。

あるマンションを建築した場合の経済的価値の評価の方法を，ＤＣＦ法によって算定することとする。マンションを建てた時には，分譲マンションとして売ることと，賃貸住宅（固定資産）を所有し賃貸料で収入を上げることの選択が可能である。賃貸業を行う場合，10年間にわたって賃貸収入を期待することとする。マンションの賃貸料は年間で１億８千万円と予想される場合，すなわち月々には１千５百万円の家賃が入る。現在価値の割引率を５％と見積もることにする。なお，マンションの分譲価格は10億円とする。この場合，分譲か賃貸か，どちらのオプションをとるべきであろうか？

分譲マンションの現在価値＝10億円

$$賃貸マンションの現在価値 = \frac{1.8億円}{1.05} + \frac{1.8億円}{(1.05)^2} + \frac{1.8億円}{(1.05)^3} + \frac{1.8億円}{(1.05)^4}$$

$$+ \frac{1.8億円}{(1.05)^5} + \frac{1.8億円}{(1.05)^6} + \frac{1.8億円}{(1.05)^7} + \frac{1.8億円}{(1.05)^8}$$

$$+ \frac{1.8億円}{(1.05)^9} + \frac{1.8億円}{(1.05)^{10}} = 13.9億円$$

　マンションの分譲住宅の場合は，直ちにキャッシュが入るから，その現在価値は10億円である。これに対してマンションの賃貸料の今期の現在価値は13億9千万円であるから，賃貸マンションのオプションの方が経済的価値が大きいことがわかる。ただし，この結論から賃貸マンションの方が絶対に良いオプションだということにはならない。なぜならば，キャッシュの時間的価値を表す金利は，経済環境によって変化するからである。すなわち，この先賃貸マンションは，立地やマンションの程度によって借主が確保し難いとするならば，家賃を年間1億8千万円から1億3千万円にするなどの対応に迫られ，割引率を5％から8％に変化させる必要性が生じる。例えば，家賃を年間1億3千万円とした場合，その現在価値は10億円となる。この場合，分譲マンションの現在価値と賃貸マンションの現在価値とは同額となる。しかし，賃貸マンションの現在価値にはキャッシュに対しての時間的要素があるために，「リスク」があると考える。このリスクは「不確実性」を表す。つまり，「リスク」のあるキャッシュよりも確実性のあるキャッシュの方が価値が高いということである。

【ＤＣＦ法による現在価値】

現在価値の割引率5％　　　　　　　　　　　　　　　　　　（単位：億円）

年　度	0	1	2	3	4	5	6	7	8	9	10	累計
営業ＣＦ		1.8	1.8	1.8	1.8	1.8	1.8	1.8	1.8	1.8	1.8	18
投資ＣＦ	-10											-10
フリーＣＦ	-10	1.8	1.8	1.8	1.8	1.8	1.8	1.8	1.8	1.8	1.8	8
ＣＦ累計	-10	-8.2	-6.4	-4.6	-2.8	-1.0	0.8	2.6	4.4	6.2	8.0	
現在価値		1.7	1.6	1.6	1.5	1.4	1.3	1.3	1.2	1.2	1.1	13.9

　このケースでは，賃貸マンションの家賃収入が10年間にわたって発生すると

考えているが，マンションが大型地震で崩壊する可能性もある。あるいは，借主がまったく現れない場合もあろう。一方，分譲マンションで売ってしまえば，直ちに10億円のキャッシュは手に入る。それで，国債を買えば利子の支払いは国が保証しているので，絶対に金利が手に入る。すなわち，分譲マンションの方が経済的価値は高いはずである。逆に，賃貸マンションの場合は，金利以上のリターンがなければ価値がないこととなる。リスク要因を含むプロジェクトの現在価値を求める時には，国債の利率を割引率として使うことは不適当である。金利に加えてリスクを冒すことに対する報酬（より高い利回り）を加えることが必要となる。この報酬は「リスク・プレミアム」(risk premium) と呼ばれている。

　すなわち，今回のケースでは，かなりのリスク・プレミアムがあり，それを20％としてみると賃貸マンションの現在価値は7億2千万円と計算される。一方，国債の金利はリスクがないとみなしてもよいので，「リスク・フリー・レート (risk‐free rate)」と呼ばれている。通常は，債券市場における金利の期間構造からリスク・フリー・レートを求める。ゆえに，割引率は，リスク・フリー・レートに，リスク・プレミアムを乗せたものでなければならない。すなわち，他方でキャッシュ・フローが変動する可能性をリスク・プレミアムとして求め，リスク・フリー金利とリスク・プレミアムの合計値をキャッシュ・フローの割引率とする。

　しかし，バブル期の日本では，市場メカニズムが反映されていなかったために国債利回りの形成が十分に機能しなかった。そのために，ファイナンス理論では，国債投資は危険度ゼロで算定されるが1990年代の日本の国債は危険度大であるという噂が行き交った。その当時の金融資本市場は規制色が強く，金利の自由化が遅れていたことや株式の持ち合い構造など，日本の株式市場に特有の要因も当時の日本に効率的市場[1]が存在しないことを裏付けていた。ファイ

---

(1) 効率的市場仮説とは，ある投資家がいち早く企業情報を得たとしても，世界中の投資家が同時にその情報を入手し，即時に相場に織り込まれることになることをいう。

ナンス理論では，常に一投資家が情報に基づいて市場で利益を上げることはできないと考える。そのために，投資家に対しては，国債という無リスク資産とリスク資産をある比率で持つことにより，マーケット・ポートフォリオとして国債を持つべきだというＣＡＰＭ（資本資産価格モデル）理論での資本コストの算定に使用することには，日本企業では懐疑的な向きが多かった。例えば「株価水準が短い期間に急上昇した結果として，他の先進国に例を見ないほどの高い株価収益率を長期にわたって示していたことや，市場支配力が強い一部の大手証券会社が明らかに株価形成を主導していた実態があったために，日本でベータ値を市場感応度の尺度として用いることや，株式市場の超過収益力をベースに加重平均資本コストを算出することの意義は乏しいと断じられていたためである。」（徳崎進著『アカウンティング／ファイナンス戦略』（学）産業能率大学出版，344頁）という見方もあったのである。

　しかし，現時点では割引率やβ値に対して将来時点での予測が可能であるかどうかが問題なのではなく，いかにリスクを管理しているかに意味がある。経営情報として，その企業がリスク管理をしているかを見る数値であるともいえる。ビジネスにリスクは付き物であり，リスクのない経営はありえないのである。

　しかし，株主から見れば，経営者に対して失敗して資本を毀損しては困る。失敗したときは，法的に経営責任を問うこともできる。そのため経営者は事前に事業を検討し，ＤＣＦ法などを利用しリスクへの考え方や，判断の過程・内容ともに合理的であれば，結果としてその事業に失敗し損失を生じても，違法行為のない限り，経営者は「法的」責任に問われることはない。このような考え方は，アングロサクソンでは成立しており，ビジネス・ジャッジメント・ルール（経営判断原則）といわれる。このためにも，ファイナンスの考え方を取り入れることによって，リスク管理への問題をディスクローズできるようになるのである。

　固定資産の中の不動産の実際価値が目減りしているにもかかわらず過去の取得原価をベースに高い価格で把握していると決算上の制約などによって，い

ざというときに売ろうにも売れなくなるリスク（機会損失）を負うことになる。あらゆる不動産の全てに需要があるのではない。一部の優良物件にしか需要がないというのが現状であろう。この優良な物件の価値判断は，「将来のキャッシュ・フロー」と「リスク」についてであり，いかに収益性を向上させるか，リスクを減らすかが経営意思決定の重要度にかかっている。

6 EVA (Economic Value Added)

　米国のコカ・コーラボトリング社は，経営にEVAを採用している。株主資本利益率（ROE）が継続的に50％を上回り，1997年度には，61％を計上している。これをキッカケにEVA経営が脚光を浴びることになった。

　日本では，利益といえば決算書の当期利益が最終の利益であると考えられて経営がされてきた。しかし，この当期利益の問題点は，キャッシュベースではないという点である。会計上の利益は，現金で回収されなくとも当期利益には影響がない。当期利益額から株主配当を決め，配当は現金で行うというプロセスから考えると，未回収の利益は，キャッシュ・フローに大きな影響を及ぼす。不良債権に転化する危険性があるとまでいわれている。

　そこで，株主価値の創造を行ったのかを示す指標として，EVA（Economic Value Added：経済付加価値）が登場した。EVAは，米スターン・スチュアート社が開発したもので，株主重視経営の機運の高まりとともに，重視されるようになった。

　経営が追求すべき利益は，①株主資本コスト（株主が企業に期待している利益率）を超える利益の計上であり，②キャッシュ・フローベースであるという二つの条件を満たす利益であることである。この利益は，エコノミックプロフィット（経済的に合理的な利益）という。すなわち，EVAは，エコノミックプロフィットそのものであるが，それを達成するための経営手法も含んでいる。

> EVA ＝ 税引後営業利益 － 総資本コスト

　税引後営業利益とは，営業利益から税金を差し引いた金額である。厳密には，ＮＯＰＡＴ＝Net Operating Profit After Taxesという指標が利用される。そして，総資本コストとは，投下資本に資本コストを掛けて計算される。上記の計算式を会計的に分かりやすく書き直すと下のような計算式になる。

> EVA ＝ （売上総利益 － 営業費用 － 税金）
> 　　　　－ （投下資本 × 資本コスト）

　資本コストとは，資本調達費用のことである。企業の資本の調達は，借入金や社債・株式などにより調達されるが，その調達にはコスト（費用）がかかっている。例えば，借入金や社債などには利息を支払わなくてはならないし，株式なら配当を支払わなくてはならない。この費用のことを資本コストと呼んでいる。

　この総資本コストとは，資本の提供者である株主や債権者などが受け取ることを期待する利益のことであると表現される。この株主などが期待している利益とは，企業にとっては配当金のように支出を伴うという意味でコストと表現されている。有利子負債（他人資本）の税効果後コストに株主資本（自己資本）のコストを加えたものである。株主資本コストは，株主が会社財産に対して一般債権者よりも劣後の請求権を有し，より高いリスクを負っているという事実を踏まえると，有利子負債コストよりもかなり高いコストであると考えられる。理論的には，資本資産評価モデルという理論を使っているが，現在の日本では平均５～７％ぐらいが使用されている。

　もう少し詳細に３つのポイントだけを説明する。第一にキャッシュベースで計算されているが，減価償却だけが除外されていない。すなわち，減価償却は

キャッシュ・フローを伴わない費用であるがそのままマイナスされている。第二には，総使用資本額を単に有利子負債と株主資本の合計とは考えていない。繰延税金負債や退職給与引当金などの無利息固定負債や少数株主持分や貸倒引当金などは長期にわたり企業内で留保されている資金であり，企業はコストゼロで使用して営業活動を行っている。しかし，ＥＶＡでは，これらの資金に対しても企業は相応の利益を計上すべきであるとして，コストがかかっている資金であるように計算されている。

　第三は，総使用資本コスト率は，実際の有利子負債額と株主資本額の比率ではなく，自社が理想とする比率を使用している点にある。

　一般に，株主価値の増大は株価の上昇，すなわち時価総額の増大と誤解されやすいが，無理な利益を出すことで株価の上昇を図ったりすれば，長期的にはその企業の価値が増大しているとはいえない。つまり，「市場価値の最大化」は必ずしも「株主価値の最大化」と同じことではない。

　ＥＶＡがゼロであれば，経営者は株主の期待通りの結果を出したことになり，株主価値は増大していない。プラスであれば，期待以上の結果を出したということであり，株主にとっての企業価値は上昇し株価も上るということになる。マイナスであれば会社は，株主の期待に応えられなかったということになる。

INDEX
索 引

アルファベット

Accountability	21, 22
Accounting	10
ASBJ	14
BPR	131
CAPM	217
CFA	19
DCF法	208, 210
De Facto Standard	2, 8
De Jure Standard	9
EBITDA	171
EDINET	42, 121
Euphoria	7
EVA	218
GAAP	15
Global	2
Global standard	2
Globalization	3
Glocalization	3
ＨＴＭＬ	40
IASB	13
IASC	12
ICR	168
ICT	23
IEC	9
IFRS	10, 13
IFRSの文脈	18
IOSCO	13
IR	121
IR情報	22
ISO	9
JIS	9
NOPAT	219
NPO法人会計	38
OECD	19
Reporting	10
ROA	126, 127, 128
ROE	127
SOX法	205
TDnet	41
Trial Balance	72
WTO／TBT協定	9
XBRL	39

あ 行

アカウンタビリティ	iv, 21, 22
アニュアルレポート	22
安全性	124
安定型経営	154
イービットダー	171
委員会等設置会社	205
生きている赤字	202
委託者	34
１年基準	86, 90
一般的原理	27
意図せざる結果	202
意味論的アプローチ	31

因果関係	28	会計行為	203
因果律アプローチ	25, 31	会計公準	44
インターナショナル化	11	会計主体の公準	33
インタレスト・カバレッジ・レシオ	168	会計ビッグバン	11
		会計プロセス	43
インベストメント	206	会計報告	22
内と外	5	会計リテラシー	iii
宇宙船地球号	3	会計倫理教育	vii
売上営業利益率	113	解釈的方法	32
売上エネルギーモデル	201	会社四季報	22
売上経常利益率	114	会社情報	22
売上債権率	137	会社法	15
売上総利益	111	外部比較	122
売上高伸び率	132	外部報告会計	39
売上目標至上主義	203	科学リテラシー	25
運転資金	104	貸方	28, 45
運用	45	課税所得	110
運用方法	92	株主価値の最大化	220
営業外収益	109	株主資本	93
営業外費用	109	株主資本コスト	219
営業活動によるキャッシュ・フロー	146	株主資本等変動計算書	138
		株主資本比率	97, 99
営業キャッシュ・フロー流動負債比率	167	貨幣的測定の公準	45
		ガラパゴス化現象	1
営業利益伸び率	133	借方	28, 45
影響力基準	176	為替換算調整勘定	193
エージェンシー・スラック	35	勘定	69
エージェント	34	勘定合って銭足らず	151
得られる利益	124	勘定科目	69
演繹法	27	規格化	8
横断型科目	v	期間比較	122
		危機型経営	157
■ か 行 ■		企業会計基準委員会	14
会計環境	11	企業会計原則	15
会計期間	50	企業金融理論	206
会計規制のトライアングル	14	企業財務	205

索　引

企業実体の公準 …………………… 44	グローバルに活動 ………………… 18
企業の経営と所有が分離 …………… 30	経営成績 ………………………… 22, 28
企業の収益性 ……………………… 125	経営総合会計システム …………… 207
期首 …………………………………… 50	経営総合診断 ……………………… 198
期待型（M&A）経営 ……………… 156	経営判断 …………………………… 203
帰納法 ………………………………… 27	経営判断原則 ……………………… 218
期末 …………………………………… 50	経営分析指標 ……………………… 165
逆転型経営 ………………………… 157	経済協力開発機構 ………………… 19
客観的判断 ………………………… 207	経済付加価値 ……………………… 217
キャッシュ・フロー・マージン …… 166	経常利益 …………………………… 109
キャッシュ・フロー管理会計 ……… 20	経常利益伸び率 …………………… 133
キャッシュ・フロー経営 …… 151, 152	形成型経営 ………………………… 154
キャッシュ・フロー計算書 ………… 17	形成プロセス ……………………… 201
キャッシュ・フロー版インタレスト・	形成利益 …………………………… 202
カバレッジ・レシオ ……… 168, 170	継続企業の公準 …………………… 44
キャッシュ・フロー比率 ………… 167	結合関係 …………………………… 28
キャッシュ・リッチ ……………… 100	決算短信 ………………………… 22, 121
キャリアデザイン教育 ……………… ii	原因と結果 ……………………… 26, 135
急死型経営 ………………………… 158	現金預金回転率 …………………… 135
業界地図 …………………………… 22	現在価値 ……………………… 208, 209
共通性 ……………………………… 28	原則主義 …………………………… 16
共通の模索 ………………………… 7	コア・コンピタンス ……………… 123
教養会計 …………………………… iii	行為の主観的意味 ………………… 204
金庫株 ……………………………… 139	公会計 ……………………………… 38
金融経済教育 ……………………… i	交換取引 …………………………… 63
金融商品取引法 …………………… 15	合計残高試算表 …………………… 72
金融ビッグバン …………………… 11	合計試算表 ………………………… 72
空間軸 ……………………………… 207	公正価値 …………………………… 11
グローカル化 ……………………… 3	構築化 ……………………………… 20
グローカルのトライアングル体制 … 18	行動の集積過程 …………………… 30
グローバリゼーション …………… 3	コーポレート・ファイナンス …… 205, 206
グローバル …………………………… 2	子会社株式勘定 …………………… 182
グローバル・スタンダード ………… 2	国際会計基準委員会 ……………… 12
グローバル・パラドックス ………… 6	国際会計基準審議会 ……………… 13
グローバル基準 …………………… 16	国際規格 …………………………… 9
グローバル経営 …………………… 19	国際財務報告基準 ………………… 13

国際財務報告書	10
国際標準	9
国際標準化機関	9
固定資産	86
固定資産税	110
固定長期適合率	101
固定負債	90
個別財務諸表	175
コミュニケーション手段	37
混合取引	63

さ 行

債権	192
採算計算	124
財産取潰型経営	156
財政状態	22, 28
財政状態計算書	16
差異の認識	7
債務	192
財務四表	143
財務活動によるキャッシュ・フロー	146
財務三表	143
財務報告	40
差引利益	201
サプライチェーン・マネジメント	131
サポートシステム支援	20
残高試算表	72
三分法	105
ジェネラリスト	iv
次期	50
事業単位	20
事業報告	40
事業報告用言語	39
資金繰り	150
資金繰り経営	151

資金収支表	165
資金の運用	85
資金の調達	85
自己株式	95, 139
自己資本比率	97, 98
自己資本利益率	127
自己組織化	198
試算表	72
市場価値の最大化	220
死体型経営	157
自他非分離	31
自他分離の論理	30
実現主義	104
質的要因	121
実務的な学問	36
自動検証機能	72
支配力基準	176
四半期決算短信	42
資本回転率	129
資本キャッシュ・フロー比率	167
資本コスト	219
資本資産価格モデル	217
資本剰余金	94
資本連結	182
社会科学リテラシー	25
社会的文脈	207
収益性	124
主観・客観	27
主観的判断	207
主観的要素	30
受託者	34
純資産比率	99
証券監督者国際機構	13
少数株主持分	182
少数株主持分への配当金	194
情報開示	25

- 224 -

索　引

| 情報の非対称性 ……………………… 35 |
| 剰余金の配当 …………………… 138,164 |
| 職業的レリバンス ………………… iv,vii |
| 仕訳 ……………………………………… 64 |
| 新株予約権 …………………………… 93,96 |
| 新株予約権付社債 …………………… 96 |
| 人生の節目 …………………………… iii |
| 死んでいる黒字 …………………… 202 |
| 垂直化 …………………………………… 20 |
| 趨勢分析 ……………………………… 122 |
| 数値の意味 …………………………… 201 |
| ステーク・ホルダー ………………… 23 |
| ストック・オプション ……………… 96 |
| スペシャリスト ……………………… iv |
| 生産性 ………………………………… 124 |
| 正常営業循環基準 ………………… 86,90 |
| 成長型経営 …………………………… 155 |
| 成長性 ………………………………… 124 |
| 制度化 ………………………………… 12 |
| 税引前当期純利益 ………………… 110 |
| 生命的システム ……………………… 199 |
| セグメント情報 ……………………… 42 |
| 設計思想 ……………………………… 205 |
| 切断 …………………………………… 203 |
| 節約 …………………………………… 202 |
| セルフ・マネジメント …………… 207 |
| 前期 ……………………………………… 50 |
| 全体と部分の関係性 ……………… 135 |
| 全体の関係性 ………………………… 200 |
| 前提条件 ……………………………… 27 |
| 総額主義の原則 ……………………… 104 |
| 総勘定元帳 …………………………… 69 |
| 総記法 ………………………………… 105 |
| 相互依存関係 ………………………… 30 |
| 総合科学としての知 ………………… vi |
| 総合力 ………………………………… 20 |

| 相殺・消去 …………………………… 179 |
| 総資産営業利益率 ………………… 128 |
| 総資本回転率 ………………………… 130 |
| 総資本経常利益率 ………………… 126 |
| 総資本当期利益率 ………………… 127 |
| 租税委員会 …………………………… 19 |
| 租税教室 ……………………………… i |
| その他の流動資産 ………………… 87 |
| 損益計算書 …………………………… 52 |
| 損益取引 ……………………………… 63 |
| 損益版インタレスト・カバレッジ・ |
| レシオ …………………………… 168 |

た 行

| 代金回収率 …………………………… 137 |
| 貸借対照表 …………………………… 45 |
| 貸借対照表重視 ……………………… 16 |
| 貸借対照表等式 ……………………… 46 |
| 貸借平均の原則 …………………… 28,43 |
| 多幸症 …………………………………… 7 |
| 惰性型経営 …………………………… 155 |
| タックスヘイブン …………………… 19 |
| 脱構築化 ……………………………… 19 |
| 縦型専門科目 ………………………… v |
| 棚卸資産 ……………………………… 87 |
| 棚卸資産回転率 ………………… 131,135 |
| 単元株制度 …………………………… 93 |
| 単純取引 ……………………………… 64 |
| 地球規模化 …………………………… 3 |
| 調達 …………………………………… 45 |
| 調和化 ………………………………… 11 |
| 定額法 ………………………………… 108 |
| ディスカウント・キャッシュ・フロー法 |
| ……………………………………… 210 |
| 定性的な情報 ………………………… 121 |
| 定率法 ………………………………… 108 |

― 225 ―

定量的な分析	121
デジュール・スタンダード	9
出直型経営	155
デファクト・スタンダード	2, 8
転記	69
問いによる経営	124
投下する資金	124
当期	50
当期業績主義	103
当期純利益	110
同業他社比較	122
当座資産	87
投資家情報	22, 121
投資活動によるキャッシュ・フロー	146
投資その他の資産	88
投資の効果	121
投資の効率	121
投資理論	206
取引処理システム	43
取引要素の結合関係	65
トレード・オフの関係	19

な 行

内部化	19
内部統制	205
内部統制システム構築	205
内部報告会計	39
二元論的発想	27
人間形成的レリバンス	vii

は 行

パーソナル・ファイナンス	ii
配当額	138
配当金	138
配当性向	140
配当倍率	141
発生主義	104
パブリックミッション	vi
パラドックス	202
判断軸	122
販売費および一般管理費	107
非資金損益	147
ビジネス・ジャッジメント・ルール	217
ビジネス・ユニット	20
ビジネス言語	iv, 36
評価・換算差額等	93, 96
表示における間接法	147
費用収益対応の原則	104, 107
ファイナンス理論	206
不確実性	209, 215
俯瞰的視点	29
複眼的	29
複合取引	64
複式簿記	43
複式簿記システム	28
複式簿記の目的	28
不正会計	176
不正な会計操作	175
フリー・キャッシュ・フロー	149, 152
プリンシパル	33, 34
プリンシパル＝エージェント関係	34
文化的侵略	4
分記法	105
分散力	20
分社化	19
粉飾決算	175
分析的方法	32
平準化政策	140
並列化	19
包括主義	103

包括利益	111
包括利益計算書	16
法人事業税	110
法人税	110
法人税法	15
法則性	28
放漫型経営	157
簿記システム	26

ま 行

マーケット・ポートフォリオ	217
未実現収益	104
未実現利益	180
無形固定資産	88
命題	27
持分	92
持分変動計算書	16
持分法	177
持分法適用会社からの配当金	195
元入金	92
元帳	69
元帳転記	70
モノ離れ会計	20
モラル・ハザード	35

や 行

役割意識	6
役割ナルシシズム	5
有価証券報告書	22
有機的ネットワークの構築	20
有形固定資産	88
有利子負債コスト	219
良いオプション	215
要素還元主義	200
余裕資金	104

ら 行

ライフプラン	ii
リードタイム	131
利益剰余金	95
利益操作	175
利害関係者	23
リスク	215
リスク・フリー・レート	216
リスク・プレミアム	216
リスク判断	10
理念・目標比較	123
流動資産	86
流動比率	100
流動負債	90
連結財務諸表ベース	176
連結重視	11
連結のれん	183
ローカル化現象	4
ローカルを軸足	18
論理的思考形態	27

わ 行

割引率	209

著者紹介

田端　哲夫（たばた　てつお）

1972年　ハワイ大学にて Accounting & Business Policy を学ぶ。
1975年　京都産業大学大学院 経済学研究科 修士課程修了
1976年　コロラド大学 K.E.Boulding 教授の行動科学研究所にて学ぶ。
1982年　京都産業大学 会計職講座センター 講師
1989年　産業能率大学 総合研究所事業本部 講師
現　在　東海学園大学 経営学部 教授
　　　　東海学園大学大学院 経営研究科 教授

著者との契約により検印省略

平成26年4月1日　初版第1刷発行

働く人のための教養会計
〜新しい会計学入門〜

著　者　田　端　哲　夫
発行者　大　坪　嘉　春
印刷所　税経印刷株式会社
製本所　株式会社　三森製本所

発行所　〒161-0033　東京都新宿区下落合2丁目5番13号　株式会社 税務経理協会

振　替　00190-2-187408
ＦＡＸ　(03)3565-3391
URL　http://www.zeikei.co.jp/

電話　(03)3953-3301（編集部）
　　　(03)3953-3325（営業部）

乱丁・落丁の場合は、お取替えいたします。

© 田端哲夫 2014　　　　　　　　　　　　　　　　Printed in Japan

本書を無断で複写複製（コピー）することは、著作権法上の例外を除き、禁じられています。
本書をコピーされる場合は、事前に日本複製権センター（ＪＲＲＣ）の許諾を受けてください。
JRRC 〈http://www.jrrc.or.jp　eメール：info@jrrc.or.jp　電話：03-3401-2382〉

ISBN978-4-419-06079-4　C3034